DIETMAR GRIESER • IM ROSENGARTEN

I herzlichst

Dietmar Grieser

DIETMAR GRIESER

Im Rosengarten

VERLAG NIEDERÖSTERREICHISCHES PRESSEHAUS
St. Pölten–Wien

UMSCHLAGBILD:

Lovis Corinth, Terrasse in Klobenstein. 1910

1. Auflage 1996

Copyright © 1996 by
Verlag Niederösterreichisches Pressehaus
St. Pölten–Wien

Einbandgestaltung:
Hans Schaumberger, Wien

Satz, Reproduktion und Druck:
Niederösterreichisches Pressehaus Druck- und Verlagsgesellschaft mbH.
A-3100 St. Pölten, Gutenbergstraße 12

ISBN 3 85326 046 2

Für Hans-Jürgen Sarfert

Vorwort

Immer wenn ich für ein paar Tage in Südtirol bin, nutze ich jede freie Minute, um meine genealogischen Nachforschungen voranzutreiben. Ich gebe zu: Die Fortschritte sind spärlich, die Anhaltspunkte gering. Dabei wimmelt es zwischen Toblach und Mals, zwischen Sterzing und Salurn von Griesers. Aber das ist es ja gerade eben: Es gibt ihrer zu viele. Wie soll man da diesem gewissen einen auf die Spur kommen, der laut Familienüberlieferung nach dem Dreißigjährigen Krieg seine Heimat verlassen und im linksrheinischen Deutschland sein Glück gesucht hat? Gries am Brenner, Gries bei Bozen: Das alles hilft nicht weiter. Grieser gibt's überall – also nicht etwa nur längs der Flußläufe, an deren Ufern jenes Geröll lagert, das den Meinen vor Zeiten ihren Namen gegeben hat.

Mein Vater, so höre ich, war mit seinen Recherchen schon ganz knapp vorm Ziel, doch dann kam der Krieg, seine Aufzeichnungen gerieten in Verlust, der Sohn mußte wieder frisch von vorn anfangen. Und wo setzt man da den Hebel an? Bis zum Jahr 1732 habe ich meine Altvordern komplett, dann verstummen die Kirchenbücher.

Wer Südtirol kennt, wird mein Begehren verstehen: Wenn ein Land so anziehend ist wie dieses, wird jeder, der auch nur den mindesten Anspruch darauf hat, alles daransetzen, es in seiner Biographie wiederzufinden. Doch ich muß auch eingestehen: Die Geschichte meiner Ahnenforschung ist eine Geschichte von Rückschlägen.

Aber in *eigener* Sache zu scheitern, muß ja nicht bedeuten, das Thema Südtirol *als Ganzes* ad acta zu legen. Und so entstand die Idee zu diesem Buch. Einem Buch über namhafte Persönlichkeiten der Kulturgeschichte, denen Südtirol in entscheidenden Phasen ihres Lebens zum Schicksal geworden ist – sei es als Heimstatt, als Wahlheimat oder als Unterschlupf, als Arbeitsplatz, als Durchreisestation, als Kur- oder als Ferienziel.

Natürlich konnte es dabei nicht nur um bloße Aufenthaltsschilderung gehen: Was mich an Ibsen und Morgenstern, Schnitzler und Kafka, Heyse und Gilm, Egger-Lienz und Freud, Dürer und Gropius, Bismarck und Mussolini, Hofer, Mitterhofer, Piaz und all den anderen interessiert hat, sind die spezifisch *menschlichen* Beziehungen, die sie am Schauplatz Südtirol geknüpft, die mancherlei Folgenreiches ausgelöst, ja von Fall zu Fall vielleicht sogar ein nicht ganz unbedeutendes Stück Kulturgeschichte gestiftet haben.

Daß ich diesen Miniaturen aus dem Leben der Großen (und auch weniger Großen) den Sammeltitel „Im Rosengarten" gegeben habe, zielt ganz bewußt aufs Doppeldeutige des Begriffs: Nicht nur an geographische Zuordnung, sondern auch an amouröse Verstrickung ist gedacht. Denn was ich hier vor dem Leser ausbreite, sind (durchwegs streng dokumentarisch recherchierte) Liebesgeschichten, die sich (mit Ausnahme der grenzüberschreitenden Kapitel über Franz Kafka und Tita Piaz) allesamt in Südtirol zugetragen haben. Ob erfüllte, unerfüllte oder gescheiterte, ob inszenierte oder sublimierte, ob ominöse oder desaströse – immer sind es, bald von kurzer, dann wieder von längerer Dauer, Episoden im Leben zweier Menschen, die aufs engste mit dieser einzigartig schönen Landschaft verbunden sind. Sie spielen im näheren oder weiteren Umkreis des Rosengartens. Und sie stehen ganz im Zeichen der Rose.

Wien, im Herbst 1995   *Dietmar Grieser*

INHALT

Christian Morgenstern und Margareta Gosebruch

Auch viele, die noch nie von einem Dichter Christian Morgenstern gehört haben mögen, bedienen sich seiner bei jeder passenden und unpassenden Gelegenheit: Sein Zweizeiler „Weil, so schließt er messerscharf, nicht sein kann, was nicht sein darf" gehört zum allgemeinen Zitatenschatz.

Vertreter des nächsthöheren Bildungsgrades wissen auch die Quelle anzugeben: Palmström heißt der wunderliche Zeitgenosse, der zu obgenannter Einsicht gelangt. Und „Palmström" – so heißt auch jene Sammlung von Grotesklyrik aus dem Jahr 1910, mit der der 1871 in München geborene Sohn des Landschaftsmalers Carl Ernst Morgenstern aufs vergnüglichste die Welt des Rationalen aus den Angeln hebt.

Palmström, assistiert von einem Herrn von Korf, bereist böhmische Dörfer, schläft „nach Norden", kauft im Warenhaus Post ein, betreibt Lärmschutz durch Lärmentwicklung, erfindet Tagnachtlampe und Geruchsorgel, gründet eine Mantelfabrik für fröstelnde Spatzen, spezialisiert sich auf Witze mit Spätzündung und konstruiert eine musikalische Personenwaage, „Pfund für Pfund mit Glockenspielansage".

Einer der Höhepunkte an weisem Nonsens ist erreicht, wenn er – aber hören Sie selbst:

> Palmström steht an einem Teiche
> und entfaltet groß ein rotes Taschentuch:
> Auf dem Tuch ist eine Eiche
> dargestellt sowie ein Mensch mit einem Buch.
> Palmström wagt nicht, sich hineinzuschneuzen.
> Er gehört zu jenen Käuzen,
> die oft unvermittelt-nackt
> Ehrfurcht vor dem Schönen packt.

Zärtlich faltet er zusammen,
was er eben erst entbreitet.
Und kein Fühlender wird ihn verdammen,
weil er ungeschneuzt entschreitet.

Die Palmström-Lyrik hat natürlich auch eine Kehrseite: Wie
so oft bei übermäßig großen Erfolgen deckt ihre nun seit achtzig
Jahren anhaltende Popularität das komplette übrige Werk des
Dichters gnadenlos zu: Christian Morgenstern – er ist und bleibt
der Schöpfer der Palmström-Gedichte. Gerade daß man vielleicht
noch seine „Galgenlieder" kennt und von seinen Übersetzungen
skandinavischer Literatur weiß: Strindberg, Hamsun, Ibsen.
Seiner tiefernsten Gedankenlyrik, seinen Epigrammen und Apho-
rismen und gar seinen Beiträgen zu Philosophie und Mystik bleibt
sowohl zu seinen Lebzeiten wie posthum das große Leserecho
versagt. Bevor er sich Anno 1905 mit den „Galgenliedern" Gehör
verschafft, sind bereits sechs seiner Gedichtbände erschienen, von
denen kaum jemand Notiz genommen hat, und für die Druck-
legung des ersten hat er gar 300 Mark aus der eigenen Tasche
zuschießen müssen.

Jetzt, zwischen 1906 und 1908, vertieft er sich in Hegel, Fichte
und Spinoza, liest Tolstoi, beginnt sein „Tagebuch eines Mysti-
kers". Daß er, obwohl noch keine dreißig Jahr alt, das Leben
eines Einsiedlers führt, hat auch einen äußeren Grund: Seit seinem
ersten physischen Zusammenbruch – in Breslau und München hat
er damals eben erst sein Universitätsstudium aufgenommen –
weiß Christian Morgenstern, daß er das Lungenleiden seiner
Mutter, die er als Zehnjähriger verliert, geerbt hat. Sein „Itinerar"
gleicht von Stund an einem Katalog der gängigen Lungensana-
torien: Bad Reinerz in Schlesien, Bad Grund im Harz, Birken-
werder bei Berlin, schließlich Arosa und Davos.

Im Herbst 1906 verordnen ihm die Ärzte zum ersten Mal
Meran, und es bekommt ihm nach „all dem Herumzigeunern" der
vorangegangenen Jahre ausnehmend gut: „Nirgends bist Du so
geborgen wie hier im Tal!" schreibt er an seine Pflegemutter, und
seinem Freund, dem Schauspieler Friedrich Kayssler, schildert er
die Villa Kirchlechner im Ortsteil Obermais, in der er Unterschlupf gefunden hat, als ein wahres Idyll:
„In diesem Häuschen bewohne ich die Giebelstube, ein saube-
res kleines Zimmer mit rebenbewachsenem Balkon, Blick ins

Grüne, auf ein paar Landhausdächer und bewaldete Berge. Lage ziemlich auf der Höhe von Obermais, was gute Luft verbürgt und leichten Verkehr mit Meran verstattet. Die Wirtsleute bescheiden, entgegenkommend, angenehm. Das Wetter scheint eine wundervolle Tendenz zu haben, sich nach jeder Trübung gleich wieder aufzuraffen und seinen heiteren Grundcharakter zu restituieren."

Aber es gibt auch andere Töne – melancholische:

„Um eines einzigen Dinges willen klage ich das Schicksal an. Nicht, daß es mir Gesundheit, Besitz, Begabung vorenthält – kein Wort davon. Aber daß es mich nicht der Frau begegnen läßt, die mir bestimmt ist."

Was für eine Frau das wäre?

„Mein Typus Weib bleibt mir ewig verborgen. Was will ich denn? Einen Kameraden, eine freie Seele, einen anmutigen Körper. In Rußland fände ich diesen Gefährten, in Italien – nein. In Deutschland, dem für mich allein zulässigen Lande – wo, wo, wo?"

Christian Morgenstern resigniert:

„Ich darf überall nur Gast sein wie der buddhistische Mönch. Sonst verliere ich mich." Ihm zieme „allein Armut, Gehorsam und Unvermähltheit", schreibt er in sein Tagebuch.

Frühjahr 1908. Eben hat er seinen siebenunddreißigsten Geburtstag begangen, hat seinen Vater, dem er seit dessen dritter Eheschließung entfremdet ist, wiedergesehen, schmiedet in Berlin Pläne für den nächsten sommerlichen Kuraufenthalt. Ein Reiseführer lenkt ihn auf einen winzig kleinen Badeort in Südtirol: Dreikirchen.

Im Eisacktal oberhalb der Brennerbahn, zwei Stunden Fußmarsch von Waidbruck entfernt, liegt in 1120 Meter Seehöhe dieser verwunschene Weiler, der aus nichts als drei uralten, eng aneinandergeschmiegten und schindelgedeckten Kirchlein, einem den nahegelegenen Heilquell nutzenden Badgasthof, einem „Doktorhaus" und zwei kleinen Ökonomien besteht, welche die Versorgung mit frischen Lebensmitteln sicherstellen.

So überwältigend schön der Blick von hier oben ist – er reicht bis zum Eingang des Grödentals, bis zur Dürer-Stadt Klausen, bis zu den Dolomiten –, so mühsam ist die Anreise: Wer den Fußmarsch scheut, bleibt auf Reitpferd oder Tragsessel angewiesen. Ist der Gast jedoch erst einmal am Ziel, so findet er sich in einem

Paradies wieder: Wiesenblumen wechseln mit Türkenbund und Feuerlilie, Lärche und Fichte spenden Schatten, Vogelbeere und Holunder säumen den Wanderweg.

Was dem Badgasthof mit seinen Veranden und Balkons, seinen Holzbadewannen und Liegestühlen an sonstigem Komfort fehlt, machen Musikzimmer und Gästebibliothek, Konversationsstüberl und Schachsalon wett – schon Franz Defregger hat sich hier wohlgefühlt und Dreikirchen mit dem Zeichenstift festgehalten. Wer bei guter Sicht den Blick ringsum übers Land schweifen läßt, kommt bei exaktem Zählen auf nicht weniger als vierzig Kirchtürme.

Christian Morgenstern trifft Ende Juli 1908 in Dreikirchen ein, noch ist die Zahl der Sommergäste gering. Gleich an einem der ersten Tage geht ein Brief an Freund Friedrich Kayssler ab:

„Dauernd schönes Wetter, reizvolle Lage, gute Pension."

Seinen Hang zur Absonderung lernt er rasch überwinden, die Mahlzeiten werden an der Table d'hôte eingenommen:

„Anfänglicher Widerwille gegen Pensionstafel im Weichen. Nur ca. vierundzwanzig Personen. Hoffe, langsam wieder hochzukommen."

Eines Tages treffen neue Gäste ein. „Zwei Russinnen", so heißt es. Auch Morgenstern zeigt sich erwartungsvoll-interessiert.

Defreggers Dreikirchen 1879, wie es neunundzwanzig Jahre später
auch Morgenstern vorfand

14

Doch die Auskunft ist unzutreffend: Die beiden Damen unterhalten sich auf deutsch.

Leontine von Hippius, studierte Medizinerin, stammt aus dem Baltikum, Margareta Gosebruch von Liechtenstern, ihre einige Jahre jüngere Freundin, ist Deutsche. Daß ihre Wahl auf Dreikirchen fällt, verdanken die beiden dem nämlichen Reiseführer, den auch Morgenstern konsultiert hat.

Die alten und die neuen Gäste vermischen sich, man begegnet einander bei Tisch, bei Spaziergängen.

Beim gemeinsamen Schachspiel und bei angeregter Unterhaltung im Konversationszimmer kommen Christian Morgenstern und Margareta Gosebruch einander näher, mit Goethe, Eckermann und Tolstoi hat man verbindenden Gesprächsstoff. Doch viel Zeit, die sachte wachsende Beziehung zu vertiefen, haben sie nicht: Schon Ende August reisen die beiden Damen wieder ab, Morgenstern bleibt allein zurück. Er gibt ihnen das Geleit zur Zugstation, auf dem Perron des Bozner Bahnhofs nimmt man voneinander Abschied.

Aber beide wissen zu diesem Zeitpunkt längst, daß es kein Abschied für immer sein kann. Hier haben sich zwei Seelen gefunden, die einander ideal ergänzen, ja schon bald ganz und gar ineinander aufgehen werden …

Wieder ist es Freund Friedrich Kayssler, den Morgenstern, inzwischen von Dreikirchen nach Meran übersiedelt, ins Vertrauen zieht. Mit dunklen Andeutungen weiht er ihn in das Vorgefallene ein:

„Liebster Alter, nun sollst Du endlich ein briefliches Lebenszeichen haben – denn leben, das tu ich nun ganz gewiß, und Du glaubst gar nicht, wie, wo und wohin … Wie sich das so macht, wächst solch eine kleine Sommerpension unvermutet zusammen, und stieben die Individuen dann wieder auseinander, so hat sich oft manche neue Zusammensetzung, so manche wunderliche Verschlingung gebildet."

Margareta Gosebruch von Liechtenstern, der Gegenstand dieser „Verschlingung", ist noch nicht wieder im heimatlichen Deutschland eingetroffen, da liegt schon die erste Post ihrer Urlaubsbekanntschaft im Briefkasten, und sie läßt an Klarheit nichts zu wünschen übrig:

„Unser Zusammentreffen war nicht nur eine Sommerepisode; es wurde langsam und unmerklich uns beiden zum Ereignis."

Obwohl man während der Tage in Dreikirchen nicht über das formelle „Sie" hinausgekommen ist, nimmt er nun kühn das vertrauliche „Du" vorweg und schreibt ihr unmittelbar nach ihrer Abreise:

„Geliebtes, geliebtestes Herz, ich sitze in einem Wintergarten am Brunnenplatz als einziger Gast und denke denke denke an Dich, und wenn diese letzten acht oder vierzehn Tage auch nicht die Folge haben werden, die sich die Welt gemeinhin vorstellt, so habe ich Dich doch in diesen Tagen geliebt und fühle Dich seitdem als ein Unentbehrliches mit in mein Leben verwoben. Ich weiß, daß ich mit meinem Geständnis, das Du doch schon vorher so oftmals in meinen Blicken gelesen, eine Verantwortung auf mich lade, und doch weiß ich zugleich, Du wirst heil und stark aus diesem Wunderlichen hervorgehen. Du wirst nicht Schaden nehmen – an nichts, nicht an Deinem lieben jungen Leibe noch an Deiner lieben jungen Seele, die sich so herb und kühl zu verbergen versteht und doch einem Menschen wie mir ihre Süßigkeit und Erregbarkeit nicht verhehlen kann. Ja – denn dies hat mich am meisten an Dir gerührt: diese wandellose Güte, mit der Du mir von Anfang an begegnet bist, dieses Verzichten auf alles, womit Frauen sonst quälen können."

Mit Bekenntnissen wie diesem geht es nunmehr Schlag auf Schlag weiter. Jeden Tag bringt Morgenstern einen Brief an Margareta zur Post – einmal sind es nicht weniger als drei, die er gleichzeitig einwirft.

Ab dem elften Tag nach der Trennung wechselt er den Ton, geht von der Zustandsschilderung zur Absichtserklärung über:

„Ich glaube, es wird immer mehr notwendig, daß wir uns wiedersehen. Dann erst werden wir wieder Boden unter die Füße gewinnen. Jetzt hab ich ihn oft fast verloren."

Die Gegenbriefe sind, wohl der streng konventionellen Erziehung wegen, die die Berliner Generalstochter in ihrem Elternhaus genossen hat, um vieles verhaltener, und Morgenstern, im sicheren Wissen um die Erwiderung seiner Gefühle, zögert denn auch nicht, Margareta zu einem Mehr an Zutraulichkeit anzuhalten. Was aber, wenn er vielleicht doch zu weit gegangen sein sollte?

Leicht verschreckt, kehrt er vorübergehend wieder zum formellen „Sie" zurück:

„Oh, Sie dürfen mich nicht nur ,sehr ehren' oder ,sich erlauben' oder nur ,freundlich' grüßen. Es wäre, als ob man Blumen Essig statt Wasser gäbe ..."

„Es ist Nacht, und mein Herz kommt zu dir":
Christian Morgenstern

Das gemeinsame Erlebnis Südtirol ist es, was die beiden zueinandergeführt hat, also läßt Morgenstern keine Gelegenheit aus, in seinen Briefen detailreich auf seine dortigen Befindlichkeiten – er hält sich ja nach wie vor in Meran auf – einzugehen:

„Zwischen sieben und neun Uhr pflege ich jetzt die gutbesetzte, wohlerleuchtete Kurhausterrasse aufzusuchen – wie ein Falter, der die Bogenlampen sucht. Ein oder zwei Kellner sind mir noch vom Vorjahr her wohlgesinnt, weil ich nicht zu den üblichen pedantischen Deutschen gehöre, und erfreuen mich durch taktvolle Bedienung. Nach acht Uhr setzt die noch sehr sommerliche Blechmusik ein."

Ein andermal berichtet er:

„Auf dem Rückweg von Meran herauf, da ist immer eine Bank, die mich noch festhält. Nur wenige Menschen kommen vorbei, aber es ist eine gute Bank, die mir allabendlich etwas schenkt. Gestern eine kleine gereimte Groteske, heute etwas anderes, sehr anderes. Ich bin manchmal kaum mehr von dieser Welt."

Auch nach Dreikirchen gehen seine Gedanken zurück – und begreiflicherweise sind es Gedanken voller Zärtlichkeit:

„Zweierlei möchte ich mit Dir zusammen unserem lieben Dreikirchen antun, wenn wir's einmal vermögen: die Decke des dritten Kirchleins so stützen, daß sie für den Kirchenbesucher keine Gefahr mehr bedeutet, und dann dem ersten (Deinem) Kirchlein eine besonders schöne Glocke schenken mit unseren Initialen und einem Spruch von mir."

Mittelpunkt seiner Briefbotschaften an Margareta sind und bleiben aber seine Gefühle für sie, und die sind längst nicht mehr nur auf den Wachzustand beschränkt:

„Heute nacht träumte mir so lebhaft von Ihnen! Ich habe sonst leider mit Träumen wenig Glück. Vielleicht, weil meine Phantasie im Wachen so stark arbeitet, gibt sie im Traum die Bilder mir lieber Menschen so ungern her. Es ist wie eine Strafe. Wäre es nicht die einzige Möglichkeit, Sie manchmal zu sehen?"

Christian Morgenstern ist zu dieser Zeit ein Mann von siebenunddreißig, kein schwärmender Primaner. Er ist also der Frau, der er da so ekstatisch seine Liebe – „meine erste wie meine letzte" – gesteht, Rechenschaft schuldig über das, was bisher gewesen ist:

„Liebe, wie ich sie verstehe, gibt es nur einmal, und ich würde Dir daher nie von Liebe ernsthaft geredet haben, wenn sie in meinem Leben schon dagewesen wäre. Was da war, war dies und das:

„Meine erste wie meine letzte Liebe": Margareta Gosebruch

Zärtlichkeitsbedürfnis wohl vor allem, Anmutsverehrung, Rührung. Nie Leidenschaft. Damit aber fängt Liebe doch wohl erst an."

Ein paar Tage später nimmt er denselben Gedanken noch einmal auf:

„Mich hat noch nie eine Frau mit wirklicher Liebe angeblickt. Von meiner Mutter weiß ich nicht mehr gar viel. Aber was dann kam, war höchstens Verliebtheit oder dergleichen oder aber Freundschaft. Ich habe noch nie geliebt, und ich wurde noch nie geliebt."

Das ist jetzt mit einem Schlag anders – eine Gewißheit, die natürlich auch den Dichter in ihm beflügelt: Christian Morgensterns Liebeserklärungen an Margareta nehmen Versgestalt an, unter dem Titel „Ich und Du" wird er sie drei Jahre später zum Buch bündeln. In einem der ersten, dem Gedicht „Hochsommernacht", verarbeitet er das Erlebnis Dreikirchen:

> Es ist schon etwas, so zu liegen,
> im Aug der Allnacht bunten Plan,
> so durch den Weltraum hinzufliegen
> auf seiner Erde dunklem Kahn!
>
> Die Grillen eifern mit den Quellen,
> die murmelnd durch die Matten ziehn;
> und droben wandern die Gesellen
> in unerhörten Harmonien.
>
> Und neben sich ein Kind zu spüren,
> das sich an deine Schulter drängt,
> und ihr im Kuß das Haar zu rühren,
> das über hundert Sterne hängt …
>
> Es ist schon etwas, so zu reisen
> im Angesicht der Ewigkeit,
> auf seinem Wandler hinzukreisen
> so unaussprechlich Eins zu Zweit …

Noch sind die beiden Liebenden voneinander getrennt:

Margareta hält sich zunächst in München auf, anschließend bei ihrer Mutter in Freiburg, Morgenstern bleibt in Meran zurück – allein. Und träumt sich in ihre Nähe:

Es ist Nacht,
und mein Herz kommt zu dir,
hält's nicht aus,
hält's nicht aus mehr bei mir.

Doch der ersehnten Vereinigung stehen Hindernisse entgegen. Als wäre Morgensterns anhaltend deplorabler Gesundheitszustand noch nicht genug, erkrankt auch Margareta, ihre Mutter gibt sie in Freiburg in Spitalspflege. Sein Besuch am Krankenbett ist unerwünscht: Solange die beiden nur miteinander verlobt sind, wäre jede Intimität in den Augen der dünkelhaft-bigotten Mutter unschicklich.

Um dennoch in Margaretas Nähe zu sein, reist Morgenstern zu Freunden nach Straßburg weiter. Erst Mitte November, nach Margaretas Genesung, können sie endlich in stetem Beieinander die Planung ihres künftigen Lebens in die Hand nehmen: in Berlin.

Inzwischen legt sich auch Morgensterns Vater quer. In die Heiratspläne des Sohnes eingeweiht, versagt er diesem mit einem brüsken Brief seine Zustimmung:

„Ich kann eine unter solchen Voraussetzungen einzugehende Ehe nicht billigen, die nach Ansicht jedes vernünftig Denkenden ein Wolkenkuckucksheim werden wird, wenn der andere Teil sich denselben Phantastereien hingibt wie Du. Ich bedaure Deine Verirrung.“

Carl Ernst Morgenstern spielt damit wohl auf eine weitere Wendung im Leben seines Sohnes an: dessen leidenschaftliche – und von Margareta geteilte – Annäherung an die esoterische Lehre des Anthroposophen Rudolf Steiner.

Vater und Sohn sind einander jedoch schon so gründlich entfremdet, daß von solchem Einmischungsversuch keine Gefahr für den geplanten Ehebund droht. Daß die für Weihnachten 1909 angesetzte Trauung aufs folgende Frühjahr verschoben werden muß, hat andere Ursachen: Morgenstern, inzwischen neuerlich zur Kur in Meran weilend und von einer abermaligen schweren Bronchitis heimgesucht, ist strengste Bettruhe verordnet worden. Erst am 7. März 1910 kann der evangelische Pfarrer von Obermais die Trauung vornehmen. Sie findet in Morgensterns engem Pensionszimmer statt: die Braut mit Myrten-Diadem und weißem Schleier, der Bräutigam einen Myrten-Zweig im Knopfloch. Mit anwesend sind ein paar nächste Freunde, einer hat einen kleinen Altar errichtet, ein anderer für den Blumenschmuck gesorgt, die Zimmervermieterin serviert Tee.

> Nun wollen wir uns still die Hände geben
> und vorwärts gehen, fromm, fast ohne Zagen,
> und dieses größte Lebenswagnis wagen:
> zwei miteinander ganz verschlungne Leben.

Viel Zeit bleibt ihnen freilich nicht: ganze vier Jahre. Es sind Jahre steten Herumreisens, neuerlicher physischer Zusammenbrüche, aussichtsloser Sanatoriumsaufenthalte. Und es endet, wo es begonnen hat: in Südtirol. Die Lungenheilanstalt in Arco verweigert dem Todgeweihten die Aufnahme, auch in Gries entledigt man sich seiner nach sechs Wochen: Die Ärzte geben Morgenstern keine Chance mehr. In einem Privatquartier im Meraner Ortsteil Untermais findet der knapp Dreiundvierzigjährige einen letzten Unterschlupf: Obwohl sie weiß, wie es um ihn steht, nimmt ihn Frau von Ludwigowska, eine polnische Aristokratin, in die Villa Helioburg auf.

„Hoffe, langsam wieder hochzukommen!" schreibt Christian Morgenstern am 16. März 1914 an seinen Verleger Reinhard Piper. Und obwohl er keine zwanzig Schritte mehr gehen kann, träumt er noch von zwei weiteren Reisezielen: einem Aufenthalt am Meer und einem Besuch im „Goetheanum", dem im Bau befindlichen Rudolf-Steiner-Tempel im schweizerischen Dornach.

Margareta ist an seiner Seite, als er am Morgen des 31. März stirbt. Von ihr, der einzigen und großen Liebe seines Lebens, hat er sich schon lange zuvor verabschiedet – mit dem Gedicht „Wir fanden einen Pfad":

> Ich hatte mich im Hochgebirg verstiegen.
> Die Felsenwelt um mich, sie war wohl schön;
> doch konnt ich keinen Ausgang mir ersiegen,
> noch einen Aufgang nach den lichten Höhn.
> Da traf ich dich, in ärgster Not: den Andern!
> Mit dir vereint, gewann ich frischen Mut.
> Von neuem hob ich an, mit dir zu wandern,
> und siehe da, das Schicksal war uns gut.
> Wir fanden einen Pfad, der klar und einsam

empor sich zog, bis wo ein Tempel stand.
Der Steig war steil, doch wagten wir's gemeinsam –
und heut noch helfen wir uns, Hand in Hand.
Mag sein, wir stehn an unsres Lebens Ende
und unterm Ziel – genug, der Weg ist klar!
Daß wir uns trafen, war die große Wende,
aus zwei Verirrten ward ein wissend Paar.

Die „große Wende" – Dreikirchen hat's möglich gemacht.
Doch Christian Morgenstern sieht den lieben kleinen Ort nie
wieder. Der Erfüllung seines Gelübdes, die Kirchendecke von
St. Nikolaus zu stützen und für den Dachreiter von St. Magdalena
eine Glocke zu spenden, kommt der Tod zuvor. Andere müssen
das Sanierungswerk an seiner Statt vollenden – wer sich vom guten heutigen Zustand der Weihestätte auf einem Besichtigungs-
rundgang überzeugen will, erbitte beim Nachbarwirt die Schlüs-
sel.

In der Gästebibliothek des alten Badgasthofs, der schon lange
aufgehört hat, die vor allem zur Linderung von Frauenleiden emp-
fohlene Heilquelle zu nutzen, steht nicht nur manches von und über
Morgenstern, sie birgt auch die Werke des einst weltberühmten
Wiener Unfallchirurgen Lorenz Böhler: Die Altwirtin, eine Frau
von stupender Bildung, ist dessen Tochter. Ältere Stammgäste
erinnern sich, wie der gütige Herr Professor, selber in Dreikirchen
auf Sommerfrische, auch während des Urlaubs ärztlichen Beistand
leistet, wenn Not am Mann ist. Sogar einem Kaninchen, das ihm ein
Kind ins Haus bringt, schient er das gebrochene Bein. Fast überflüssig zu erwähnen, daß er der Kleinen, statt von ihren Eltern ein
Honorar zu verlangen, zum Trost Süßigkeiten zusteckt …

Die letzte Augenzeugin, die sich – damals ein Kind von zehn
Jahren – noch lange an Morgenstern erinnerte („dieser Fremde mit
dem intensiven Blick"), ist vor einigen Jahren gestorben; inzwischen haben sich auch die Anthroposophen, die als Morgen-
stern-Pilger nach Dreikirchen kamen und mit ihren eurhythmi-
schen Tänzen und Meditationsübungen das weltabgeschiedene
Naturparadies mit einem Hauch von Esoterik überzogen, ver-
laufen.

Die nächste Generation von Dreikirchen-Anbetern stellte die
Architektenzunft: Am selben Berghang hat Lois Welzenbacher
mit dem von ihm entworfenen „Haus Settari" ein vielbestauntes

Musterexemplar neuzeitlich-alpinen Villenbaus hinterlassen, und im 200 Meter höher gelegenen Gasthof Briol kommen sogar Bauhaus-Fans auf ihre Kosten.

Der überlebensgroße Christophorus an der Außenmauer der Gertraudskirche hat keineswegs ausgedient: Dem Schutzpatron der Wanderer zu huldigen, hat an einem Ort, der nach wie vor weder mit dem Pkw noch mit dem Bus, sondern nur zu Fuß, allenfalls mit dem geländegängigen Jeep zu erreichen ist, unverändert seinen schönen Sinn. Alle Versuche neuzeitlicher Verkehrserschließung konnten von Dreikirchen, das die Italiener „Tre Chiese" nennen, mit Erfolg abgewendet werden: Im Handumdrehen hatten die Naturschützer die erforderlichen Protestunterschriften beisammen.

An anderen Sommerfrischeorten wird die schreibende Zunft hofiert, damit sie mit Illustriertenartikeln das Gästeaufkommen vermehre. In Dreikirchen wird sie hofiert, damit sie ebendies unterlasse. Und Dreikirchen Dreikirchen bleibt. Christian Morgensterns Vermächtnis, in einem seiner späten Gedichte in Worte gefaßt, gilt unvermindert bis zum heutigen Tag:

> Was weiß der Laie,
> der stoffgebundne,
> vom Mahl des Poeten?
> Pack dein Kaufgeld
> und troll dich fort,
> o edler Mitmensch!
> Luft und Wasser
> waren noch stets
> unsere Köche.
> Welcher Dichter
> nährte sich je
> von irdischer Atzung?

LIEBELEI

Henrik Ibsen und Emilie Bardach

Ibsen, wohin das Auge blickt: Alle Bühnen von Rang reißen sich um seine Stücke, in den Verlagen stehen die Übersetzer Schlange, in den Buchhandlungen türmen sich seine Werke. Bei der Berliner Ibsen-Woche, im März 1888 zum sechzigsten Geburtstag des Dichters veranstaltet, sind gleich drei seiner Stücke auf dem Programm: „Nora" im Lessing-, „Die Wildente" im Residenz-, „Die Frau vom Meer" im Hoftheater. In den Salons der literarisch interessierten Gesellschaft werden die neuesten Nachrichten über den Dichter aus Norwegen ausgetauscht, in der witzigen Modefrage „Ibsen Sie auch?" mutiert sein Name zum Verb.

Ab 1875 ist Henrik Ibsens Wohnsitz München, seit 1880 Rom. Während der heißen Jahreszeit flieht er die Stadt, Gossensaß am Südhang des Brenners ist das Sommerquartier seiner Wahl. Seit der Eröffnung der Brenner-Eisenbahn hat das vormals bedeutungslose Dorf am Zusammenfluß von Pflerscherbach und Eisack gute Chancen, sogar Meran Konkurrenz zu machen. Auf die Tagesausflügler, die zur Mittagsstunde aus dem Innsbrucker Zug steigen, im Gasthaus Gröbner zu Speis und Trank einkehren und um 15 Uhr die Rückfahrt antreten, folgen schon bald die ersten Dauergäste, die in den nach und nach aus dem Boden gestampften Nobelhotels absteigen. Ein flugs gegründeter Verschönerungsverein sorgt für Promenadenwege, Ruhebänke, Schutzlauben und Wegweiser.

1876 kommt Ibsen das erste Mal nach Gossensaß – am Schluß werden es nicht weniger als sieben Sommer sein, die er hier zugebracht hat. Und nicht etwa nur zur Erholung, sondern zu intensivstem Schreiben: In Südtirol entstehen „Die Wildente" und „Stützen der Gesellschaft", hier beginnt er „Nora" und beendet den „Volksfeind", und im Entwurf von „Hedda Gabler" nennt er in einer Szene des zweiten Akts den geliebten Ferienort sogar beim

Namen (um ihn dann in der Endfassung des Stücks doch zu verschlüsseln: „das Dörfchen unter dem Brennerpaß").

Das Schweizerhaus, die am Hauptplatz gelegene Dependance des Grandhotels Gröbner, ist Ibsens Stammquartier. Schon die

Ort der Handlung: Das Grandhotel Gröbner in Gossensaß

Anreise wird ihm zum Genuß, Gattin Suzannah und Sohn Sigurd hält er brieflich auf dem laufenden:

„Mir geht es in jeder Beziehung ausgezeichnet. Die Reise nach hier verlief wie üblich; von Modena bis Ala mußte nachts der Mantel heran; durch das Tal hier hinauf herrliches Wetter und frische Luft. Die Butterbrote bewähren sich vorzüglich, sie waren mein einziger Proviant auf der ganzen Reise. Das letzte aß ich, mit einer Tasse schwarzen Kaffees, in Verona zum Frühstück. In Florenz hatte ich nur eine halbe Flasche Wein genommen, in Ala am Morgen nichts. Will immer Butterbrote mit auf die Reise nehmen, die kann ich jederzeit mit Genuß essen."

In Gossensaß kennt man ihn schon, der Empfang durch die Wirtsleute fällt betont herzlich aus. Sein Tag ist streng eingeteilt:

„Bisher stand ich um 1/2 7 Uhr auf, frühstückte eine halbe Stunde später, ging dann aus, während das Zimmer gerichtet wurde, und schrieb von 9 bis 1 Uhr. Am Nachmittag habe ich auch etwas schreiben können. In 5 bis 6 Tagen wird der 2. Akt fertig sein. Bier trinke ich nicht, und das bekommt mir gut. Dagegen trinke ich Milch sowie etwas Wein mit Wasser; abends 1/2 8 leichte Kost. Bisher war ich jeden Abend vor 10 im Bett und schlief gut."

„Hier sind schon ziemlich viel Fremde, bald wird es ganz voll sein. Übrigens geben die Zugereisten, fast ausschließlich deutsche Damen, zu verstehen, daß sie mich kennen, und lächeln sehr wohlwollend, wenn man einander begegnet."

Ibsen schließt mit der Bitte an seine Frau, von Zeit zu Zeit von sich hören zu lassen, nur möge sie sich dabei kurz fassen:

„Lange Briefe sind nicht nötig. Auch ich werde keine langen Briefe schreiben, habe ja mit meinem Stück zu tun …"

Ibsen schreibt nachts. Damit die anderen Logiergäste, wenn er, um eine schwierige Formulierung ringend, im Zimmer auf und ab geht, nicht gestört werden, läßt er zwischen Tür und Schreibtisch einen dicken Teppich ausrollen. Ein, zwei Gläser Wein sind ein willkommenes Stimulans, der weiße Terlaner mundet ihm vorzüglich. Ist seine Frau mit von der Partie, so versteckt er, wenn er aufs Zimmer geht, die Bouteille unterm Rock. Am nächsten Morgen findet das Stubenmädchen den frischen Manuskriptteil auf dem Schreibtisch vor – zum Erstaunen der Wirtsleute fast ohne jede Korrektur. Wenn er, noch vor dem Frühstück, das Haus verläßt, führt ihn sein erster Weg zum nahen Brunnen, wo er das Tintenfaß reinigt – niemand darf ihm dabei zur Hand gehen.

Sein Aufzug ist immer der gleiche: Ob kühl oder warm, ob trüb oder sonnig – Ibsen trägt Samtrock und Zylinder. Das strenge schwarze Habit korrespondiert mit seinem wortkargen Wesen: Niemals unfreundlich, geht er doch Gesprächen mit Einheimischen wie Fremden scheu aus dem Weg, und vor allem bei seinen kurzen, aber häufigen Spaziergängen am Pflerscherbach, die ihm bei den Dorfleuten den liebevollen Spitznamen „Bachmandl" eintragen, will er ungestört sein: Hier kann er konzentriert über den Fortgang seiner Arbeit, über die jeweils nächste Szene nachdenken.

Bei den Hotelmahlzeiten hält er sich von der Table d'hôte fern, läßt sich die Speisen an einem kleinen Extratisch servieren. Logiergäste, die über seine Identität Bescheid wissen, beäugen ihn mit Neugier, und die Schreiblustigen unter ihnen werden später unter dem Eindruck des berühmten Namens ihre Beobachtungen zu Papier und vielleicht gar in gedruckter Form unter die Leute bringen. Moritz Zeisler ist solch ein Exemplar; in seinen Gossensasser Reiseerinnerungen lesen wir über den prominenten Tischnachbarn:

„Schon die äußere Erscheinung ist die eines nicht gewöhnlichen Menschen. Auf einem kurzen, aber kräftigen und gedrungenen Körper sitzt ein ungewöhnlich großer Kopf, der unverkennbar den Stempel des Bedeutenden trägt. Die hochgewölbte Stirn und das energische Gesicht sind von starrem, weißlich-grauem Haar umrahmt, und die von dichten, dunklen Brauen überschatteten Augen blicken durch die Brille scharf, klar und forschend in die Welt. Man glaubt in seinem Gesicht lesen zu können, daß er viel gekämpft und gelitten hat, und nur wenn er spricht, gewinnen die sonst harten Züge einen freundlichen Ausdruck. Er spricht freilich sehr wenig und sehr selten."

Unter den Hotelgästen machen Warnungen die Runde: „Seien Sie vorsichtig, Ibsen beobachtet Sie, Sie kommen sicher in sein nächstes Stück."

Sein Wunsch, ungestört zu bleiben, wird von jedermann respektiert. Nur die drei alten Jungfern aus Salzburg, die (so unser Gewährsmann) „zusammen wohl 200 Jahre zählen und die der Witz der Gäste ‚die drei Nornen' getauft hat", tanzen aus der Reihe und drängen sich an den Dichter heran, um ihn in schöngeistige Gespräche zu verwickeln.

Ist Ibsen mit Familie angereist, so geht er Frau und Sohn, wenn sie nach ihm den Speisesaal betreten, artig entgegen und geleitet sie an seinen Tisch. Trinkt er zum Essen Bier, soll es frisch angezapft sein. Möglich, daß die freundlichen Serv. rerinnen den anspruchsvollen Gast dabei mitunter mit einem listigen Trick täuschen und hinter dem Schankzimmer laut polternd mit dem Holzschlegel gegen das alte Faß schlagen. Derart aufmerksam um sein Wohl besorgten Wirtsleuten schuldet man Dank; Ibsen schreibt ihnen ins Gästebuch: „Sei stets beglückt, du schöne Gegend. Auf Wiedersehn, ihr lieben, treuen Menschen!"

„Du schöne Gegend" – das könnte auch damit zu tun haben, daß ihn das Pflerschertal, dessen Uferpromenade zu Ibsens Lieblingsplätzen in Gossensaß zählt, an seine norwegische Heimat erinnert: Die Landschaftsformation hat starke Ähnlichkeit mit einem Fjord, man braucht sich nur auszumalen, die Talsohle sei mit Meerwasser gefüllt.

Sechs Sommer hat Henrik Ibsen – teils allein, teils mit Frau und Sohn – in Gossensaß zugebracht, zuletzt 1884, dann tritt eine

Der „nordische Faust": Henrik Ibsen

Pause ein. Im Juli 1886 kommen die Herren der Gemeindeverwaltung überein, den berühmten Gast mit einem nach ihm benannten Platz zu ehren; zugleich erhoffen sie sich von der damit verbundenen Zeremonie die Wiederkehr des nun schon zum zweiten Mal Fernbleibenden. Hotelier Ludwig Gröbner fragt bei Ibsen brieflich an, ob er damit einverstanden sei, daß das von ihm so sehr geliebte Bergwaldidyll oberhalb des Kreuzbachls fortan seinen Namen trage. Der Dichter, als Mann von achtundfünfzig Jahren öffentlichen Ehrungen durchaus zugänglich, willigt dankbar ein und schickt den „verehrten Beteiligten" seine „besten Wünsche für das Gedeihen der Gemeinde".

Da den Gossensassern für die feierliche Einweihung des Ibsen-Platzes sehr an der Anwesenheit des „Taufpaten" gelegen ist, müssen sie sich noch drei Jahre gedulden: Erst im Juli 1889 kehrt Ibsen wieder. Nun aber wird für ihn ein umfangreiches Programm entworfen: Festzug mit Musik, Ansprachen der Honoratioren. Die „musikalisch-deklamatorische Soiree" im Speisesaal des Grandhotels sieht neben Schubert-Klängen und Loewe-Balladen auch Rezitationen von Ibsen-Texten vor; zum Abschluß gibt's ein Feuerwerk. Auf dem Ibsen-Platz wird eine Bank aufgestellt, auf der

Henrik Ibsen bei der Einweihung eines nach ihm benannten
Platzes in Gossensaß, 1889

der Jubilar, auf seinen Spazierstock gestützt, für das Erinnerungsfoto posieren wird; die kräftigsten Burschen aus dem Dorf tragen den mittlerweile Behäbigen und auch schon leicht Gehbehinderten in einer Sänfte zu dem hoch überm Ort gelegenen Gelände.

Bei der abendlichen Festakademie ist Ibsen von Bewunderern umringt, jeder will ihm die Hand reichen. Eine der Damen, Hotelgast wie er, stellt ihm eine dunkelhaarige Schönheit vor, deren ebenmäßige Gesichtszüge, anmutiger Wuchs und melancholischer Blick Ibsen sofort ins Auge stechen: „Fräulein Emilie Bardach aus Wien."

Begleitet von ihrer Mutter, ist die knapp Siebenundzwanzigjährige gleichfalls Logiergast im Grandhotel Gröbner, man begegnet einander also an den folgenden Tagen auf Schritt und Tritt wieder. Unter den aufmerksamen Augen der Gästeschaft sucht der sonst so Kontaktscheue kaum verhohlen die Nähe der vierunddreißig Jahre Jüngeren. Frau Bardach, die Mutter, gibt ihre Einwilligung zu gemeinsamen Spaziergängen, deren Dauer von Tag zu Tag zunimmt. Die beiden haben einander offensichtlich eine Menge zu sagen; wenn Sturm und Regen sie ans Haus fesseln, finden sie sich zu angeregter Konversation in der Hotelveranda.

Inzwischen trifft – mit einigen Tagen Verspätung – auch Frau Ibsen in Gossensaß ein, der Dichter stellt ihr seine junge Urlaubsbekanntschaft vor. Madame, an diese sich anbiedernden „Weiber" gewöhnt, die sich von Ibsen – wie sie später nicht ohne Spott zu Protokoll geben wird – Verständnis für ihre „Seelenleiden" erhoffen, zeigt sich nachsichtig-freundlich. Sie weiß ja, daß sich ihr Mann, von solcherlei Vertrauensbeweisen zunächst angetan, stets sehr bald auf sein striktes „Noli me tangere" zurückzieht.

Doch diesmal scheint alles ein bißchen anders zu sein. Schon am 5. August, zwei Wochen nach dem noch sehr formellen Kennenlernen, schreibt Emilie Bardach in ihr Tagebuch: „Seine Huldigungen sind nicht ganz idealer Natur." Sie vermutet richtig: Als sie gut anderthalb Monate später abreist, stehen, von Ibsens Hand, in ihrem Stammbuch die Worte: „Hohes, schmerzliches Glück – um das Unerreichbare zu ringen!" Und auf der Rückseite seines Porträtfotos, das er ihr zur Erinnerung mitgibt, liest sie: „An die Mai-Sonne eines Septemberlebens – in Tirol."

Emilie Bardach, Kind aus gutem Wiener Hause, ledig zwar, doch in unglücklicher Liebe einem älteren, aus Ungarn stammenden Mann verbunden, will die Ferien in Südtirol dazu nützen, sich über ihr künftiges Leben klarzuwerden. Das wohlsituierte Elternhaus erlaubt es ihr, ohne Ausübung eines Berufs sich ganz dem Wiener Gesellschaftstreiben hinzugeben und im übrigen den typischen Neigungen der höheren Tochter zu frönen: Sie spielt Klavier und singt. Jetzt, in der Sommerfrische, hat sie sich aufs Malen verlegt – die romantische Ruine Straßberg oberhalb der Brennerstraße hat es ihr besonders angetan. Eines der Bildchen, auf eine jener Rehglocken appliziert, wie sie hier auf den Almen in Gebrauch und neuerdings auch als Touristensouvenir beliebt sind, wird sie später Ibsen zum Geschenk machen.

Literatur ist ihre starke Seite nicht: Von Ibsen hat sie, als sie dessen Bekanntschaft macht, keine einzige Zeile gelesen. Auch an sein Umgangsdeutsch muß sie sich erst gewöhnen; in ihr Tagebuch trägt sie ein:

„Schade, daß die fremde Sprache ihm doch Schwierigkeiten macht. Sonst verstünden wir uns sehr gut."

Jetzt holt sie natürlich, was ihr an Ibsen-Texten in die Hand kommt, mit Fleiß nach, und es erfüllt sie mit Stolz, daß er begierig ist, ihre Meinung darüber zu erfahren:

„Er bat mich so inständig, mit ihm viel zu reden, mich ihm ganz zu eröffnen, wodurch wir Mitarbeiter würden."

Auf der anderen Seite ängstigt es sie, wie heftig er ihr den Hof macht:

„Ohne Eindruck kann dieser Verkehr nicht bleiben, weil er mir zu viel Empfinden entgegenbringt. Es läuft mir bei seinen Worten oft kalt über den Rücken. Er bespricht die ernstesten Lebensfragen und vermutet in mir so unendlich viel. Ich fürchte: mehr, als er finden wird. Es habe ihn in seinem Leben noch niemand so entzückt. Er behauptet, mich sehr zu studieren, mir im Gespräch Fallen zu legen, damit ich lüge. Doch umsonst, es ist ihm alles gut und edel."

Das Schlechtwetter hält an, statt der gemeinsamen Promenaden ist man Abend für Abend in einer Nische des Speisesaals in stundenlange Gespräche vertieft. Nachher eilt sie auf ihr Zimmer und vertraut ihrem Tagebuch an, was ihr hübsches Köpfchen so total durcheinanderbringt:

„Ich liege, Mama geht eben aus. So bin ich allein Herrscherin im Raum, frei, endlich frei, um niederzuschreiben von der Unendlichkeit, die ich in diesen Tagen empfinde, und da sieht man aber wieder, wie arm die Sprache gegenüber dem ist, was man empfindet. Nur die Tränen, die sagen mehr. Wie läßt sich das Gegenwärtige mit allem Vergangenen vergleichen! Wie arm und klein erscheint alles demgegenüber!

Alle anderen waren nur gewöhnliche Menschen, und nun ist es ein Geist, der die Welt dominiert. Dieser Vulkan, furchtbar schön, vorgestern nachmittag, als wir endlich allein zusammensaßen!"

Was die Affäre für sie so qualvoll macht: Emilie Bardach weiß nur zu gut, daß Ibsen keines der Versprechen, die sie aus seinen Worten heraushört, einlösen, daß es für beide Teile wohl nur eines geben kann: Entsagung.

*Dunkel-
haarige
Schönheit:
Emilie
Bardach*

„Jetzt ist es die wahre Liebe. Das Ideal, zu dem er unbekannt gedichtet. Jetzt wird er Dichter aus Schmerz und Entsagung. Und doch glücklich, mich gefunden zu haben, das Schönste, Wunderbarste. Zu spät! Wie kleinlich komm ich mir vor, daß ich mich ihm nicht entgegenstürzen kann! Doch da steigen sie auf, die Hindernisse: das reale Leben, die vielen Jahre, die Frau, der Sohn – alles das, das uns trennt. Mußte es so weit kommen? Konnte ich ahnen, konnte ich es hindern? Während er spricht, ist mir jetzt oft, ich muß fort, weit weg, und dabei schmerzt es mich, ihn zu verlassen, ich leide unter seiner Unruhe, fühle sie im Saal, auch wenn wir voneinander getrennt sitzen."

Was sich Emilie Bardach, geschmeichelt von so viel „Bevorzugung vor all den anderen, die ihn umringen", nicht eingesteht: Das allergrößte Hindernis einer dauerhaften Bindung an Ibsen, wenn sie denn möglich wäre, läge in ihr selbst. So sehr es ihr imponiert, von diesem Genie mit Worten, wie ihr Ohr sie noch nie vernommen, angehimmelt zu werden, so wenig vermag sie dem aus eigenem beizusteuern: Erotik ist von ihrer Seite nicht im Spiel, vor den Zärtlichkeiten des vierunddreißig Jahre Älteren empfindet sie Ekel.

Natürlich reizt sie die Vorstellung, an der Seite des von aller Welt gefeierten Dichters von Land zu Land, von Triumph zu Triumph zu eilen (wie er es ihr noch am letzten Tag ihres Ferienaufenthalts in Gossensaß vorgaukelt), aber daß in den Stunden vorm Aufbruch eine Gruppe Einheimischer „im Tiroler Nationalkostüm" mit „Gesängen und Tänzen" aufwartet, wodurch ihr peinliche Abschiedsszenen erspart bleiben, ist ihr „sehr willkommen".

Es wird dann dennoch ein höchst romantischer Abgang: Der Zug, den Mutter und Tochter besteigen, geht gegen drei Uhr nachts ab, Ibsen begleitet die Damen zum Bahnhof. „Von herbstlichem Gebirgsnachtnebel umhüllt," schreibt Emilie in ihr Tagebuch, „beleuchteten nur die Funken der Lokomotive unseren Abschied."

Sie werden einander nie wiedersehen.

Ibsen bleibt noch eine weitere Woche in Gossensaß und ergeht sich in selbstquälerischem Schmerz um das Verlorene. „Keine Sonne mehr. Alles fort, verschwunden!" schreibt er ihr nach Wien. „Die wenigen zurückgebliebenen Gäste konnten mir selbstverständlich keinen Ersatz bieten. Im Pflerschertal bin ich jeden Tag spazierengegangen. Es gibt doch am Wege eine Bank, wo es sich in Gesellschaft gewiß recht stimmungsvoll plaudern ließe. Aber die Bank war leer, und ich bin vorbeigegangen, ohne Platz zu nehmen. Auch im großen Saal habe ich es öde und trostlos gefunden. Erinnern Sie sich an die große, tiefe Fensternische rechts vom Eingang der Veranda? Die berauschend duftenden Blumen standen noch immer da. Aber sonst – wie leer, wie einsam, wie verlassen!"

Sein Trost ist die Arbeit:

„Eine neue Dichtung fängt an, in mir zu dämmern. Ich will sie diesen Winter vollführen und versuchen, die heitere Sommerstimmung auf dieselbe zu übertragen. Aber in Schwermut wird sie enden."

Eine Woche später trifft der nächste Brief ein. Emilie läßt ihn ungeöffnet liegen, bis alle anderen anstehenden Tätigkeiten verrichtet sind. Sie will ganz und gar den Kopf dafür frei haben. Doch aus der ersehnten Ruhe wird nichts: Wieder wühlt sie, was er da „in einem seiner schönen furchtbaren Momente" zu Papier gebracht hat, zuinnerst auf:

„Wie gewöhnlich sitze ich am Schreibtisch. Jetzt möchte ich gern arbeiten, kann es aber nicht. Meine Phantasie ist zwar in reger Tätigkeit, aber immerzu schweift sie anderswohin. Meine Sommererinnerungen kann ich nicht zurückdrängen – und will es auch nicht. Tausendmal gute Nacht!"

Emilie Bardach ist im Begriff, sich für eine Abendeinladung herzurichten. Jetzt, in ihrer „ohnedies regen Phantasie noch mehr erhitzt", hat sie Zweifel, ob sie überhaupt in der Verfassung ist, auszugehen. Muß er denn immerzu ihre Gedanken auf sich lenken? „Warum schickt mir Ibsen nicht Lektüre, Nahrung für den Geist?"

Stattdessen schürt er weiter eine Leidenschaft, die keine Zukunft hat:

„Als eine liebliche Sommererscheinung habe ich Sie, meine liebe Prinzessin, kennengelernt. Wie gern möchte ich Sie in winterlichen Umgebungen wiedersehen! In meiner Phantasie bin ich freilich dabei. Ich sehe Sie auf der Ringstraße, leicht, eilig, dahinschwebend, in Samt und Pelzwerk graziös gehüllt. In Soireen und Gesellschaften sehe ich Sie auch – und besonders im Theater, zurückgelehnt, mit einem etwas müden Ausdruck in den rätselhaften

Augen. Zu Hause möchte ich Sie auch so gerne sehen. Doch das gelingt mir nicht, weil mir die Anhaltspunkte dazu fehlen. Sie haben mir über Ihre Häuslichkeit, über Ihr Heimatleben sehr wenig erzählt."

Emilie Bardachs Aufzeichnungen aus diesen Tagen ergeben ein diffuses Bild. Einerseits sind ihr Ibsens Briefe heilig, andererseits wünscht sie, sie kämen seltener: „Er soll dichten." Einerseits genießt sie es, daß alle ihre Bekannten wissen, welch berühmten Korrespondenzpartner sie hat. Andererseits findet sie es taktlos von den Leuten, darauf angesprochen zu werden: „Über ihn zu reden, ist mir peinlich."

Zu Weihnachten schickt sie ihm ihr Bild; er dankt überschwenglich, berichtet von „unbeschreiblicher Freude":

„Wie haben Sie mir damit, jetzt mitten im Winter, jene kurze, sonnige Sommersage wieder vergegenwärtigt!"

Als sie ihm mitteilt, daß sie mit einer „garstigen Influenza" daniederliegt, entzündet sich seine Phantasie aufs neue:

„Denken Sie, ich hatte eine bestimmte Ahnung davon! Ich habe Sie im Bett liegen sehen, blaß fiebernd, aber reizend, schön und lieblich wie immer. Tausendmal Dank für die niedlichen Blumen, die Sie mir gemalt haben. Für Blumenmalerei, glaube ich, besitzen Sie eine hervorragende Begabung. Dieses Talent sollten Sie ernstlich kultivieren."

Am 6. Februar 1890 tritt im Briefverkehr der beiden eine Wende ein; Ibsen kündigt an, fortan nur noch selten von sich hören zu lassen:

„Glauben Sie mir, es ist besser so. Ich fühle es als eine Gewissenssache, die Korrespondenz mit Ihnen einzustellen oder doch zu beschränken. Sie dürfen sich vorläufig so wenig wie nur möglich mit mir beschäftigen. Sie haben andere Aufgaben in Ihrem jungen Leben zu verfolgen, anderen Stimmungen sich hinzugeben. Und ich – das habe ich Ihnen schon mündlich gesagt – kann mich niemals durch ein briefliches Verhältnis befriedigt fühlen."

Erst als – gut ein halbes Jahr später – Emilies Vater stirbt und sie Ibsen davon unterrichtet, lebt die Korrespondenz für einen Augenblick wieder auf: mit einem formellen Kondolenzschreiben. Aber der Dichter wünscht keine Fortsetzung, und als sie sich darüber hinwegsetzt und ihm zu Weihnachten eine kleine Malerei von ihrer Hand nach München schickt, wird er, indem er unter anderem auch auf seine Ehe zu sprechen kommt, mehr als deutlich:

„Ich danke Ihnen so recht von Herzen dafür. Auch meine Frau findet, daß das Bild sehr hübsch gemalt ist. Aber ich bitte Sie: Schreiben Sie mir vorläufig nicht mehr. Wenn die Umstände sich geändert haben, werde ich es Sie wissen lassen. Bald werde ich Ihnen mein neues Schauspiel schicken. Empfangen Sie es in Freundlichkeit, aber schweigend!"

Emilie Bardach gehorcht. Mehr als sieben Jahre verstreichen, bis sie nochmals zur Feder greift: Es ist Ibsens siebzigster Geburtstag. Sein Dankbillet ist die endgültig letzte Post, die sie von ihm erhält:

Das ist nun freilich ein Schlußakkord, wie er glorioser nicht erklingen könnte, wäre da nicht noch ein Zweites, ungleich Erhabeneres, das die zuerst so heftig Umworbene und dann so brüsk Abgewiesene vor aller Welt rehabilitiert, ja in den Rang der unsterblichen Dichtermuse erhebt: Henrik Ibsen verewigt Emilie Bardach in einem seiner reifsten Stücke, setzt ihr in „Baumeister Solness" mit der Figur der jungen Hilde Wangel ein bleibendes Denkmal.

„Alle meine Dichtungen hängen aufs engste zusammen mit dem, was ich *durch*lebt – wenn auch nicht *er*lebt – habe", bekennt Ibsen schon Jahre vorher in Beantwortung einer Anfrage des deutschen „Peer Gynt"-Übersetzers Ludwig Passarge.

Genau dies trifft auch auf sein Schauspiel „Baumeister Solness" zu, das er 1891/92 im heimatlichen Christiania schreibt:

*Er*lebt hat er die alle seine Sinne aufpeitschende Konfrontation des alternden Mannes mit der ungestüm-unbefangenen Jugend: die zwei Sommermonate mit der sechsunddreißig Jahre jüngeren Wienerin Emilie Bardach in dem Südtiroler Bergdorf Gossensaß. Und *durch*lebt, also in seiner Phantasie ausgesponnen, und vom *Er*lebten inspiriert, hat er das zugleich verwirrend-süße und tödlich-bittere Drama des gefährdeten Karrieristen, dem die Prinzessin das ihr versprochene Königreich abverlangt. Doch die Kraft der Jugend, die sie ihm im Überschwang ihrer Gefühle für seine Mutprobe zuzuführen scheint, versagt: Solness stürzt ab – und zwar buchstäblich. Als er, von Hilde Wangel dazu ermuntert, beim Richtfest eines von ihm erbauten Hauses dessen Turm erklimmt, um eigenhändig den Kranz aufzuhängen, verliert er das Gleichgewicht ...

In der Regieanweisung des ersten Aktes beschreibt Ibsen seine Hilde Wangel wie folgt:

„Sie ist mittelgroß, zierlich und geschmeidig, das Gesicht leicht von der Sonne gebräunt; in Wandertracht, ein Hütchen auf dem Kopf, einen Ranzen auf dem Rücken, in der Hand einen langen Bergstock." Emilie Bardach, wie sie leibt und lebt, und zwar exakt in der Adjustierung, wie Ibsen sie von jenem Sommer 1889 her in Erinnerung hat. Überflüssig, zu erwähnen, daß für Halvard Solness und dessen Frau Aline das Ehepaar Ibsen Modell steht. So schließt sich der Kreis.

Freilich, eine so nachsichtig-großherzige Ehefrau wie diese Aline Solness ist Suzannah Ibsen nicht: „Halte dir all die überspannten Frauenzimmer vom Leibe!" warnt sie ihren Mann zu wiederholten Malen und toleriert deren zum Teil dreiste Annäherungsversuche nur insoweit, als der Dichter ihrer als „Material" für die Figuren seiner Stücke bedarf. Sie selber sorgt dafür, daß all das Geschreibsel der „Weiber" im Papierkorb landet, und auch die Briefe des „Solness-Fräuleins", wie sie Emilie Bardach süffisant nennt, seien – so wird sie später den Literaturforschern Auskunft geben – durch ihre Hände gegangen. Und damit nicht genug, will sie klargestellt haben: Auch ihrem Mann seien sie allesamt gleichgültig geworden, nachdem die Arbeit getan, das lebende Modell zum Kunstwerk umgestaltet war.

Sollte also wirklich zutreffen, was der Kritiker Julius Elias dem Dichter (mit dem er – in Sektlaune – ein Gespräch über dieses Thema geführt haben will) in den Mund legt? Diese Jungfer in

Tirol sei nichts weiter als eine merkwürdig verkorkste Person gewesen, die bestimmt nie heiraten werde, auch gar nicht auf einen jungen Partner aus sei, sondern nur darauf, anderen Frauen den Mann auszuspannen. Doch die „kleine dämonische Zerstörerin" habe damit bei ihm, Ibsen, wenig Glück: „Sie nahm mich nicht, aber ich nahm sie für eine Dichtung."

Nun, so glücklich ist die Ehe von Henrik und Suzannah Ibsen auch wieder nicht, daß es dem von der Herrsch- und Nörgelsucht seiner Frau oft tief vergrämten Gatten nicht gefallen sollte, die Aufmerksamkeit einer ebenso attraktiven wie feinfühligen Jüngeren auf sich zu lenken. So gleichgültig, wie er vorgibt, wird ihm Emilie Bardach wohl doch nicht gewesen sein, zumindest nicht damals, Tür an Tür im Sommerlogis zu Gossensaß. Die Wahrheit mag auch hier – wie so oft – in der Mitte liegen.

Nach dem Tod des Dichters am 23. Mai 1906 – die Gemeinde Gossensaß läßt einen Kranz mit Schleife in den Tiroler Landesfarben am Grab niederlegen, die Witwe revanchiert sich für die am (bei Kriegsschluß 1945 niedergebrannten) Grandhotel Gröbner angebrachte Ibsen-Gedenktafel mit Überlassung einiger Memorabilien: Schreibmappe, Tintenfaß und Feder – wird Emilie Bardach aktiv.

Ein „glühender Ibsen-Verehrer" in Dänemark, mit dem die mittlerweile Vierundvierzigjährige in Kontakt steht, wirft ihr Egoismus vor: „Wie können Sie die Ibsen-Briefe als persönliches Heiligtum hüten und der Welt vorenthalten?" So schafft sie also die Kassette, in der sie das versiegelte Paket unter Verschluß hält, herbei, setzt sich mit dem Literaturkritiker und Ibsen-Freund Georg Brandes in Verbindung und stellt diesem anheim, den „Schatz" für eine seiner Ibsen-Studien auszuwerten.

Was nun eintritt – so wird sie sich im Jahr darauf unter dem Titel „Meine Freundschaft mit Ibsen" in einem anderthalb Spalten langen Artikel in der Wiener „Neuen Freie Presse" rechtfertigen –, geht freilich weit über das hinaus, was sie beabsichtigt hat:

„Die Veröffentlichung in so vielen deutschen und ausländischen Blättern geschah ohne mein Wissen, und die dadurch entstandene Sensation war mir mehr als peinlich." Und was sie vor allem erbittert: In den skandinavischen Ländern fällt man über sie her, schmäht „das kleine Solness-Fräulein, das gerade nur den Tod Ibsens abgewartet hat", um sich wichtig zu machen und dabei das makellose Bild des korrekten Ehemannes in den Schmutz zu ziehen.

Der Expertenstreit wogt hin und her: Gehen die einen so weit, Vergleiche mit Goethe und dessen Altersliebe Ulrike von Levetzow zu ziehen, so höhnt Karl Kraus in der „Fackel", Ibsens Briefe an Emilie Bardach seien „so nichtssagend, daß ihnen das Interesse künftiger Literaturhistoriker gesichert ist".

Und was sagt die Briefempfängerin selbst? In der „Neuen Freien Presse" vom 31. März 1907 kann man es nachlesen:

„Ich sah in ihm wohl nur den behäbigen alten Herrn, der lange mit einem Glas Bier bei Tisch sitzenblieb und krampfhaft eine Zeitung vor sich hielt. Das sollte ihn davor schützen, angesprochen zu werden. Doch gleich nach unserer Bekanntschaft bat er mich, diese Waffe für andere als eine Art besonderer Einladung für meine Person anzusehen und mich zu ihm zu setzen, so oft ich nur konnte. So wurden wir gute Freunde, und auf das erste seiner Werke, das er mir schenkte, schrieb er: ‚In guter Freundschaft gewidmet'."

Emilie Bardach holt noch weiter aus:

„Es war damals seine Glanzperiode. Briefe, Telegramme kamen nach Aufführungen, und die ließ er manchmal ungeöffnet liegen, bis ich kam, denn er pflegte mich seinen Mitarbeiter zu nennen. Sein Tisch wurde von Verehrerinnen mit Blumen geschmückt."

Doch während er deren Zuwendung nur gnädig über sich ergehen läßt, tut er im Umgang mit der „Prinzessin" alles, ihr offen zu huldigen.

„Auf einem unserer gemeinsamen Spaziergänge bückte er sich plötzlich in seiner ganzen Schwerfälligkeit, und als ich ihn nach der Ursache fragte, meinte er, er habe nur einen Stein vom Boden entfernt, denn der könnte mich verletzen."

Über den weiteren Verlauf der Beziehung resümiert sie:

„Möchte man es Begegnung, Zufall, Glücksmoment, Fatum nennen? Während unseres Zusammenseins fühlte ich, daß es zu keiner klareren Beziehung kommen und auch in einem kümmerlichen Nachschleichen nicht verblassen sollte, und so habe ich ihn nie wiedergesehen. Im Jahr 1891 kam er nach Wien. Da verbrachten wir den Winter in Südtirol. Er hatte keine Adresse mehr und wußte nicht, was aus mir geworden."

Nach dem Ersten Weltkrieg übersiedelt Emilie Bardach in die Schweiz. Das elterliche Vermögen scheint aufgebraucht zu sein, in Bern bringt sich die unverheiratet Gebliebene mit Klavierstunden durch, in Kinos sorgt sie für die musikalische Untermalung, auch am gesellschaftlichen Leben der Schweizer Bundeshauptstadt nimmt sie rege Anteil.

Ihren „Presse"-Artikel baut sie unter dem Titel „Der Sommer in Gossensaß" zu einer größeren Abhandlung für den „Mercure de France" aus, in der sie auch auf die nunmehr veränderten Verhältnisse in Südtirol eingeht:

„Finanzieller und geographischer Zusammenbruch: Die verschobenen Grenzen machten aus Gossensaß Colle Isarco. Die Verschiebung der Grenzen war mir schmerzlich, denn der Tiroler Bauer ist eine so ganz andere Rasse, er war der Freund meiner Kindheit und Jugend, und seine reine Seele mußte unberührt bleiben. Früher lag eine Art von Zauber über dem Ort, nun war die Bühne entweiht, es war nicht mehr das alte Gossensaß. Ibsen kam nie wieder, und auch andere bedeutende Persönlichkeiten, die man gekannt, blieben aus."

Herzstück ihrer „Memoiren" aber ist und bleibt das Erlebnis Ibsen:

„In manchen Momenten erschien er mir gewaltig wie ein Elementarereignis, Gewitter und Blitze zuckten in feurigen Varianten. Dann wieder konnte er erzählen, bildlich darstellen. So beschrieb er mir einmal die Feier zur Eröffnung des Suezkanals, der er als Vertreter seines Landes beigewohnt hatte. Ein andermal saß ich bei ihm, als der bekannte Literarhistoriker Prof. Dilthey herankam und sie zusammen über Goethes ‚Faust' sprachen. Übrigens wurde dieses Professors noch junge Frau ohnmächtig, als Ibsen in meiner Abwesenheit – wie es scheint, mit überwältigender Begeisterung – über mich und seine Gefühle sprach … Als er mich das erstemal sah, habe es ihn wie ein elektrischer Strahl vom Kopf bis zu den Füßen durchzuckt. Diese Monate in Gossensaß seien ihm wichtiger als sein ganzes früheres Leben. Und ein andermal: Um mich zu erringen, wolle er alle früheren Bande lösen. Er phantasierte von all den Reisen, die wir gemeinsam machen sollten. Ich war betäubt …"

Ein Exemplar dieses „Journals" hat sich erhalten: in der Osloer Universitätsbibliothek. Es ist eine Photokopie der Urschrift. Emilie Bardach, ebenso von ihrer „Sendung" erfüllt wie von Geldnot getrieben, geht damit hausieren – mit mäßigem Erfolg. Auch ihren Landsmann Arthur Schnitzler versucht sie dafür zu interessieren –

und denkt wohl gar an ein Stück, das er über sie schreiben könnte. Ist sie denn nicht der Prototyp einer Schnitzler-Figur?

1911 lernt sie den Dichter, dessen „Liebelei" vor kurzem in Frankfurt uraufgeführt worden ist, in Garmisch-Partenkirchen kennen. „Etwas affektiert, nicht sehr klug, wohl hysterisch und im Grunde bedauernswert …" ist Schnitzlers erster Eindruck, den er unmißverständlich im Tagebuch festhält.

Vierzehn Jahre später begegnen sie einander wieder, Arthur Schnitzler ist auf Vortragsreise in der Schweiz, eine der Stationen ist Bern. In einem Brief an seine Wiener Freundin Clara Pollaczek erwähnt er das Rencontre, geht nun noch deutlicher auf Distanz:

„Damals war sie dick und hysterisch, jetzt ist sie hysterisch und mager. Ein bißchen unerträglich und ein bißchen rührend."

Aber Emilie Bardach läßt nicht locker, bestürmt den Dichter im August 1926 brieflich, nur ein so „gründlicher Psychiater" wie er könne sie verstehen:

„Ich war ja nie normal, und meine Erlebnisse sind das Sensationellste, das man sich vorstellen kann. Mir als Wienerin wären Sie doch verpflichtet, sich etwas zu widmen."

Schnitzler ist anderer Ansicht, legt die fünf Briefe mit dem Vermerk „n. b." ab. Nicht beantwortet.

Es hilft nichts: Auch ihre letzte Wortmeldung, mit ihrem Glückwunschbrief zu Ibsens siebzigstem Geburtstag habe sie dessen Spätwerk „Wenn wir Toten erwachen" beeinflußt, bleibt ungehört. Emilie Bardach, die den Dichter beinah fünfzig Jahre überlebt, stirbt mit dreiundneunzig am 1. November 1955 in Gümlingen bei Bern. Nur eine Handvoll treue Freunde begleiten den Leichnam auf dem Weg zum Krematorium.

Immerhin einer von ihnen widmet Emilie Bardach im Feuilleton der Berner Tageszeitung „Der Bund", wo sie kurz zuvor noch eine letzte Ibsen-Kritik hat lesen können (die Rezension einer „Peer Gynt"-Neuinszenierung am Berner Stadttheater), einen Nachruf. Titel des Zweispalters: „Meine Prinzessin". Die Figur auf dem Bild, das dem 40-Zeilen-Artikel beigegeben ist, zeigt eine bei aller Gebrechlichkeit zähe Greisin mit Gehstock – beim Verlassen des Theaters. Es ist, wie man erkennen kann, ein sonniger Tag. Doch Zufall oder Fügung: Der Photograph hat für seine Aufnahme eine Perspektive gewählt, aus der die Frauengestalt im Vordergrund nur einen ganz, ganz kurzen Schatten wirft …

DAS ABENTEUER SEINES LEBENS

Arthur Schnitzler und Olga Waissnix

Seit dem 30. Mai 1885, zwei Wochen nach seinem dreiundzwanzigsten Geburtstag, ist er „Doctor der gesamten Heilkunde", seit September Aspirant im k.k. Allgemeinen Krankenhaus, bald auch Sekundararzt an der von seinem Vater geleiteten Wiener Poliklinik: Mit dem Ausleben seiner *literarischen* Ambitionen läßt sich Arthur Schnitzler Zeit. Nur im Münchner „Freien Landesboten" sind bis jetzt Texte von ihm abgedruckt worden, und das ist nun auch schon wieder fünf Jahre her: das „Liebeslied der Ballerine" sowie ein Aufsatz „Über den Patriotismus". Auch das Festspiel, das er zum 25. Promotionsjubiläum seines Vaters geschrieben hat, deutet niemand als Signal eines sich anbahnenden Berufswechsels.

Die ersten Ferien als Jungarzt verbringt der Dreiundzwanzigjährige mit Mutter und Geschwistern auf dem Thalhof bei Reichenau, einem zu dieser Zeit florierenden Sommerfrischebetrieb am Fuße der Rax, der von der feinen Wiener Gesellschaft, ja selbst von Mitgliedern des Kaiserhauses frequentiert wird. Die Hotelreklame verspricht „94 comfortabel eingerichtete Passagierzimmer", einen „luftigen Speisesaal" mit „anerkannt vorzüglicher Küche" sowie „Specialitäten in Gumpoldskirchner und Vöslauer Weinen, welche den p. t. Sommergästen auch ins Haus zugestellt werden", ferner „Bäder, Equipagen und Tragtiere für Bergpartien"; zu jedem Zug der Südbahnstrecke verkehrt ein eigener Omnibuszubringer.

Der Thalhof ist ein Familienbetrieb: Carl und Olga Waissnix heißen die Wirtsleute, die sich, assistiert von reichlich vielem Personal, in die Betreuung der anspruchsvollen Gäste teilen. Er, mehr vom bäuerlich-handfesten Typ, ist vierunddreißig, sie, ein kokettmondänes Wesen mit gesellschaftlich-kulturellen Neigungen, elf Jahre jünger. Älteste Tochter des renommierten Wiener Südbahnrestaurant- und Stefanskellerwirtes, hat Olga schon mit sechzehn geheiratet; jetzt ist sie Mutter dreier Söhne.

In diesen Juli-Tagen des Jahres 1885, da die Schnitzlers im Thalhof logieren, kommt die schöne Wirtin mit dem gleichaltrigen „Herrn Doctor" kaum in engere Berührung als mit den übrigen Hotelgästen: Arthur Schnitzler – durchaus das, was man heute einen Playboy nennen würde – ist momentan hinter einer kapriziösen Witwe her. Ein paar harmlose Gesprächskontakte – das ist vorderhand alles: Einmal erinnert sich Olga Waissnix daran, ihm in Kindertagen in Vöslau begegnet zu sein, mit ihm gespielt und sogar gerauft zu haben, ein andermal entdeckt sie an ihm eine gewisse Ähnlichkeit mit seinem späteren Kollegen Peter Altenberg, der ihr vor Jahren, gleichfalls Gast auf dem Thalhof, ungeniert den Hof gemacht hat.

Eines allerdings bleibt Schnitzler nicht verborgen: daß es um die Ehe der beiden Wirtsleute nicht zum besten steht. Argwöhnisch, ja krankhaft eifersüchtig beobachtet Carl Waissnix jeden Schritt seiner Frau, die ihrerseits kein Hehl daraus macht, daß dieser trockene Mensch an ihrer Seite wohl kaum der Mann ihrer Träume sein kann. Daß sie ihn „Charles" ruft, hat nichts mit Zärtlichkeit, sondern einzig mit ihrem Hang zum Fashionablen zu tun. Ebendies aber ist ihm ein Dorn im Auge: Obwohl Peter Altenbergs seinerzeitiger Flirt mit Olga nie über einen Handkuß hinausging, drohte der Hausherr, den mißliebigen Gast vor die Tür zu setzen, wenn nicht gar (wie ein anderes Gerücht besagte) zu erschießen.

Es kommt das Jahr 1886. Dr. Arthur Schnitzler ist ein Mediziner von nur mäßigem Ehrgeiz, der umso interessierter bei den vielen Wiener Kostümbällen, die er im Fasching besucht, nach Liebschaften Ausschau hält. Da tritt ein Ereignis ein, das den knapp Vierundzwanzigjährigen jäh aus den vielerlei Lustbarkeiten herausreißt: An seiner linken Halsseite macht sich eine Lymphdrüse unangenehm bemerkbar. Das binnen kurzem zur Größe einer Kindsfaust anschwellende Gewächs wird zunächst mit Jodpinselungen und Umschlägen behandelt, der zur Diagnose-Erstellung beigezogene Chirurg Prof. Albert ermahnt den Patienten zu „geordnetem Lebenswandel" und verordnet eine Reihe „diätetischer Maßnahmen", schließlich wird ein „mehrwöchiger Aufenthalt im Süden" für ratsam erachtet.

Arthur Schnitzler, „Doctor der gesamten Heilkunde", 1885

Schnitzler, nun doch einigermaßen beunruhigt, fragt den behandelnden Arzt: „Sie glauben also, es könnte Tuberkulose sein?" Und der antwortet: „Sie müssen jedenfalls so leben, als wenn Sie tuberkulös wären."

Auf dem Heimweg bricht der Patient in Tränen aus, noch am folgenden Tag meldet er sich beim Chef der Poliklinik krank, Ende März besteigt er den Zug nach Meran.

Dort angekommen, begegnet Schnitzler gleich am ersten Tag der ihm vom vorjährigen Sommeraufenthalt in Reichenau her flüchtig bekannten Thalhof-Wirtin, die ihrerseits für zwei Monate in Südtirol zur Kur weilt. Man grüßt einander über die Straße hinweg, Olga Waissnix ist in Begleitung einer mit ihr befreundeten Wiener Familie. Wenige Tage darauf sieht man einander ein zweites Mal und jetzt schon aus geringerer Entfernung: Schnitzler, mit seiner Unterkunft im Grandhotel Emma unzufrieden, ist in den benachbarten Tirolerhof übersiedelt, und das ist auch Frau Waissnix' Quartier. Da man jedoch an der Table d'hôte weit voneinander entfernt sitzt, kommt es nur zu gelegentlichem beiläufigem Wortwechsel.

Die Situation ändert sich schlagartig, als an den folgenden Tagen „wie auf Verabredung" die anderen Hotelgäste abreisen und Schnitzler der Platz neben Olga Waissnix zugewiesen wird. Nun

„Bonjour tristesse": Der Tirolerhof in Meran

also bei den Mahlzeiten Tischnachbarn, kommt man einander näher, die Nähe schlägt in Vertrautheit um, die Vertrautheit in Sympathie, und als sich bei einem Diskurs über das Thema Aberglaube, in dessen Verlauf Schnitzler seine Vorliebe für die Zahl 26 verrät, herausstellt, daß er Zimmer 5 und sie Zimmer 21 bewohnt, erblicken die beiden versteckt Flirtenden in dieser sonderbaren Fügung einen deutlichen Wink des Schicksals:

„Wir sahen einander lange in die Augen und wußten plötzlich, wie wir zueinander standen."

Nur – Olga Waissnix ist eine verheiratete Frau. Es ist also in ihrem eigenen Interesse, wenn sie bei den nun einsetzenden gemeinsamen Spaziergängen und Ausflügen die sie begleitende Wiener Fabrikantenfamilie nicht abschüttelt, sondern im Gegenteil einbezieht. Einmal geht's zu Fuß ins Naiftal, ein andermal mit der Bahn nach Sigmundskron. Aber auch wenn sich kaum je Gelegenheit zu vertrautem Gespräch ergibt: Arthur Schnitzler und Olga Waissnix wissen sich mit „jenem Schweigen" zu begnügen, „in dem man sich nur immer näher zueinanderfindet und das wunderbarer und reiner in uns nachtönt, als Worte zu tun vermögen."

Allein, es fallen auch Worte. Einmal, als man wieder an der Table d'hôte nebeneinander sitzt und die Schüsseln und Terrinen herumgereicht werden, flüstert Olga ihrem Tischnachbarn zu :

„Ich wollte, alles um uns sänke in die Erde, und wir zwei blieben allein auf der Welt."

Schnitzlers Aufenthalt in Meran ist kürzer bemessen als der ihre, noch einmal verabredet man sich zum Rendezvous im Lesesaal des Kurhauses und wandert von dort zum Kirchlein des heiligen Valentin im Rebgarten. Es ist noch recht frisch um diese Jahreszeit, Olga Waissnix trägt einen Pelzüberwurf, dessen Quasten sie in ständigem nervösem Spiel durch die Finger gleiten läßt. Dann reißt sie eine davon ab, führt sie an die Lippen und macht sie ihrem Begleiter zum Geschenk. Noch viele Jahre später wird er das delikate Souvenir wie ein Kleinod hüten.

Das Datum seiner Abreise naht. Am Vortag begegnet man einander beim Croquetspiel im Hotelgarten, Olga bricht die Partie ab, nimmt Schnitzler zur Seite, will ihm eine wichtige Mitteilung machen. Aber sie hat Mühe, es hervorzubringen, immer wieder stockt sie, dann endlich spricht sie es aus, wobei sie den Blick verlegen zu Boden heftet:

„Um eines wollte ich Sie bitten: Kommen Sie nicht vor Herbst nach Reichenau."

Olga Waissnix weiht den Verehrer in ihre häuslichen Verhältnisse ein, schildert ihm das übersteigerte Mißtrauen ihres Mannes, der sich bei jedem geringsten Verdacht sogleich mit ihrem überstrengen Vater verbünde. Und obwohl sie seine Gefühle nicht erwidere und in ihrer Ehe äußerst unglücklich sei, habe sie den festen Willen, Charles die Treue zu halten. Was sie ihm, Schnitzler, offerieren könne, sei also nicht mehr als ihre Freundschaft – die Verbindung müsse unter allen Umständen aufs „Metaphysische" beschränkt bleiben:

„In jedem Schmerz, in jeder Freude sollen Sie wissen, es ist eine da, die mit Ihnen leidet, sich mit Ihnen freut. Wollen Sie diese Freundschaft annehmen?"

Dann reicht sie ihm die Hand, und Schnitzler beugt sich darüber zu innigem Kuß.

Am Abend trifft man einander zum letzten Mal – bei Tisch. Nach beendeter Mahlzeit setzt sich Schnitzler, wie es seine Gewohnheit ist, ans Klavier des Speisesaales und klimpert vor sich hin. Ihm gegenüber, in Trauer versunken, Olga Waissnix. Nach und nach ziehen sich die anderen Gäste auf ihre Zimmer zurück, schließlich sind die beiden Liebenden in dem großen, schwach beleuchteten Raum allein. Ein Händedruck, ein Kuß, lang und leidenschaftlich – dann reißt sich Olga Waissnix los und eilt davon. Auch in der folgenden Nacht bleiben Zimmer Nr. 21 und Zimmer Nr. 5 sorgsam voneinander geschieden, die „Addition" zur Glückszahl 26 findet nicht statt …

Schlechtwetter bestimmt Schnitzlers Abreisetag. Um sich vor Wind und Regen zu schützen, schlägt er beim Verlassen des Hotels den Kragen hoch und drückt die Kappe in die Stirn – der junge Herr reist in Uniform, als Reserveoffizier zahlt man bei der Bahn nur den halben Preis. Als er sich von der Straße aus noch einmal umwendet, sieht er Olga auf dem Balkon ihres Zimmers stehen, um Kopf und Schultern den wärmenden Schal. Kein Handzeichen, nur ein schwaches Nicken – es ist eine Abschiedsszene voller Resignation und Melancholie.

Schnitzler, zutiefst aufgewühlt, kann sich lange nicht fassen: Tränen im Wartesaal, Tränen im Coupé, Tränen noch beim Umsteigen am Bahnknotenpunkt Franzensfeste. Erst der Wiener Bankbeamte, den er von seinen Kaffeehausbesuchen her flüchtig kennt und der ihm auf dem Perron über den Weg läuft, bringt ihn bei kurzem Geplauder auf andere Gedanken. Schnitzler ist sich sicher, daß man ihm seinen Schmerz ansieht, und er tut nichts, es zu verbergen. Seinem Tagebuch vertraut er an:

„Ich hätte es nie und nimmer für möglich gehalten, daß ein Gefühl von solcher Stärke je in mein Herz Einzug halten könnte."

Schnitzlers unerfüllte Liebe: Olga Waissnix

Die Tage in Meran haben Schnitzlers Genesung gefördert, die Drüsenschwellung ist zurückgegangen, gleich nach seiner Rückkehr tritt er wieder den Spitalsdienst an. Nur in einem kapituliert er: Sein Versprechen, sich nicht vor Herbst in Reichenau blicken zu lassen, kann er unmöglich halten. Es ist schlimm genug, der fernen Geliebten nicht einmal das kleinste Briefchen schreiben zu dürfen. Da beschert ihm ein glücklicher Zufall eine erste bescheidene Erfüllung. Im Prater geht das große Frühlingsfest in Szene, mit Eltern und Geschwistern nimmt Schnitzler am Blumencorso teil. Und wen erblickt er in der festlich geschmückten Menge? Olga Waissnix, die an der Seite ihrer jüngeren Schwester in einer der Equipagen sitzt! Schnitzler reißt sich von den Seinen los, folgt ihrem Wagen, freudig überrascht erwidert sie sein Winken, der Blume, die er ihr in den Schoß wirft, folgt eine gelbe Rose aus

49

ihrer Hand. „Wir danken einander wortlos, ohne Lächeln, mit dem ganzen heiligen Ernst einer jungen Liebe", wird er das aufwühlende Erlebnis Jahre später in seinen Jugenderinnerungen schildern. „Ich folge, solange es irgend angeht, ihrem Wagen, bis er mir im Gewühl entschwindet."

Schon anderntags sieht man einander wieder – diesmal auf dem Rennplatz. Außer ihrer Schwester ist jetzt auch ihr Vater mit von der Partie; Schnitzler wird eingeladen, in dessen Loge Platz zu nehmen. Hinter Olga sitzend, verfolgt er das Derby ohne jede Anteilnahme. Aber auch ein unbeschwertes Gespräch will nicht aufkommen – Olga, sichtlich befangen, erwähnt lediglich einige der Bücher, die er ihr in Meran empfohlen und die sie in der Zwischenzeit gelesen hat. Immerhin gelingt es Schnitzler beim Abschiednehmen, die Freundin dazu zu überreden, ihr „Besuchsverbot" zurückzunehmen. Ein inniger Händedruck noch, dann steigt sie in ihre Karosse und fährt davon. Schnitzler, toll vor Verliebtheit, blickt der Scheidenden nach, bis sie zur Gänze aus seinem Gesichtsfeld verschwunden ist.

Eine Woche später ist Pfingsten, Schnitzler findet sich als Gast auf dem Thalhof ein. Ohne seine Ankunft gemeldet zu haben, nimmt er im Speisesaal Platz. Olga Waissnix, denselben Hut auf dem Kopf, den sie schon in Meran getragen hat, tritt an seinen Tisch: „Ich wußte, daß Sie heute kommen werden."

Am Nachmittag darf er ihr in ihren Privatgemächern seine Aufwartung machen, und während die versammelte Verwandtschaft ins Kartenspiel vertieft ist, greift Olga nach einer der Photographien, die in einer Schale auf dem Tisch bereitliegen: Es zeigt St. Valentin, das Ziel gemeinsamer Spaziergänge in Meran. Schnitzler viele Jahre später in seinen autobiographischen Aufzeichnungen: „Da grüßten sich unsere Blicke im aufschimmernden Glanz der Erinnerung."

Ab und zu ein kurzes gemeinsames Promenieren vor der Veranda, ein paar ängstlich gewechselte Worte – viel mehr ist den beiden bei Arthurs nun immer häufiger werdenden Besuchen in Reichenau nicht vergönnt: Stets ist der eifersüchtige Hausherr in der Nähe. Tatsächlich schöpft Carl Waissnix Verdacht, und als ihm eines Tages gar zu Ohren kommt, daß sich Schnitzler zu einem längeren Aufenthalt angesagt hat, verlangt er von seiner Frau, daß dem unwillkommenen Gast abtelegraphiert werde. Die Folge: Olga unternimmt einen Selbstmordversuch. Doch die

Dosis Morphium ist so gering, daß der eilig herbeigerufene Arzt jede Gefahr für das Leben der Patientin abwenden kann. Tags darauf steckt Olga ihrem Verehrer ein Medaillon zu, in dem ein vierblättriges Kleeblatt versteckt ist – von ihr selbst gepflückt.

Ein andermal – auch jetzt gehen die Vertraulichkeiten nie über einen heimlich getauschten Kuß hinaus – ist aufs neue Gefahr in Verzug: Olga drängt Schnitzler zu unverzüglicher Abreise, ihr Mann habe gedroht, den Eindringling zu erschießen.

Als der Sommer vorüber ist, einigt man sich darauf, aus der anhaltend aussichtslosen Situation in eine bloße Brieffreundschaft zu flüchten. Olga macht den Anfang:

„Bewahren Sie, lieber Herr Doctor, mir Ihre freundschaftlichen Gesinnungen und nehmen Sie herzlichen Dank für gar manche genußreiche Stunde, die mir Ihre liebe Gesellschaft im Laufe des Sommers bereitet hat. Ich hoffe, wir sehen uns im Winter als gute Freunde wieder. Erlauben Sie mir noch eine Bitte: Quälen Sie sich und andere nicht mit unnötigen, unwahren Ideen. Ich selbst weiß nur zu gut, daß vieles im Leben häßlich eingerichtet ist und das, was man für das größte Glück hielt, nichts als eine lange Reihe von Qualen bedeutet.

Ich habe es immer für den größten Triumph gehalten, mit mir selber fertig geworden zu sein. Ich sage Ihnen nicht adieu, sondern auf Wiedersehen. Ich würde mich sehr freuen, wenn ich von Ihnen hie und da ein schriftliches Lebenszeichen erhielte. Darf ich Sie darum bitten?"

Seine *Geliebte* kann Olga Waissnix also nicht werden.

Wohl aber seine *Muse*, die ganz wesentlichen Anteil daran hat, daß aus dem *Arzt* Arthur Schnitzler der *Dichter* gleichen Namens wird. Mit gutem Grund wird er, der als reifer Mann auf eine Vielzahl üppig ausgekosteter Liaisons zurückblicken kann, gerade diese unerfüllt gebliebene das Abenteuer seines Lebens nennen. Ein Abenteuer, das sich nicht im Bett, sondern am Schreibtisch vollzieht: In dem nunmehr einsetzenden und über zehn Jahre währenden Briefwechsel ist es diese hochsensible Frau, die den noch Unschlüssigen zum Schreiben ermutigt, ja antreibt, ihm auf geschickte Weise alle seine immer wieder aufflackernden Selbstzweifel nimmt.

Bei den – sei es geplanten, sei es zufälligen – Begegnungen in Wien kann ein substantielles Gespräch kaum je zustande kommen. Einmal treffen sie sich in einer Kunstausstellung, ein andermal im Theater, dann wieder zu einem kurzen Spaziergang auf der Ringstraße oder bei gemeinsamen Bekannten. Doch immer heißt es aufpassen, daß Olgas Mann nichts davon erfährt, und so folgt der Begrüßung in der Regel ein umso hastigerer Abschied. Der eigentliche Gedankenaustausch findet in ihren Briefen statt, und sie sind es, die den Dichter zu einer Zeit, da sein Talent weder gefestigt noch von der Mitwelt erkannt oder gar anerkannt ist, in jenen Zustand versetzen, den er zum Fabulieren braucht:

„Ich muß Ihnen sagen, daß mir häufig genug das Bewußtsein der Stimmung allein genügt, und ich so die Gebilde meiner Phantasie vor mir hin- und hertanzen lasse, ohne sie abzuconterfeien …"

Tatsächlich kommt noch im ersten Jahr ihrer Bekanntschaft Schnitzlers seit langem brachliegende schriftstellerische Produktion wieder in Gang. Die Zeitschrift „An der schönen blauen Donau" druckt sein Gedicht „Geheimnis", die „Deutsche Wochenschrift" seine Kaffeehaussatire „Er wartet auf den vazierenden Gott". Seit 1. Jänner 1887 auch Redakteur der „Internationalen Klinischen Rundschau", schreibt er außerdem eine Fülle medizinischer Fachartikel, wenn auch mit wenig Animo. Viel lieber verarbeitet er das Olga-Waissnix-Erlebnis (in der Novelle „Gabrielens Reue"), und im Jahr darauf bringt der Theaterverlag Eirich auch seinen ersten Bühnentext heraus: den Einakter „Das Abenteuer seines Lebens". Bis zum tatsächlichen Bühnendebüt verstreichen freilich noch mehrere Jahre: Am 14. Juli 1893 – Schnitzler ist inzwischen einunddreißig geworden und hat, nach seinem Ausscheiden aus der Poliklinik, eine Privatpraxis eröffnet – wird am Ischler Stadttheater der Einakter „Abschiedssouper" aus dem „Anatol"-Zyklus uraufgeführt.

Was er auch in Angriff nimmt, überall hinterläßt Olga Waissnix ihre Spuren: Sie ist das Urbild der Dame Gabriele, die Anatol bei ihren „Weihnachtseinkäufen" begegnet; sie inspiriert ihn zu der Gestalt der „verheirateten Frau", die, ohne aufzutreten, das Geschehen in der „Liebelei" bestimmt; und mit Genia Hofreiter, der „anständigen Frau" im „Weiten Land", ist sie zumindest nah verwandt. Schnitzler-Kenner Hans Weigel geht noch weiter:

„Ohne sie wäre er vielleicht kein Schriftsteller und gewiß nicht *dieser* Schriftsteller geworden." Begründung: „Schnitzlers Werk steht im Zeichen der Vergeblichkeit, der Unerfülltheit, des Sterbens, des ‚Wissens vom Ende'. In seinem Briefwechsel mit Olga Waissnix spiegelt sich das Erlebnismaterial für das Werk." Weigel läßt sich sogar aufs Spekulieren ein, welche Folgen es wohl gehabt hätte, wären die beiden – etwa durch einen frühen Tod von Ehemann Carl Waissnix – ein Paar geworden: „Schnitzler wäre vielleicht glücklich, aber vermutlich ein vielbeschäftigter Wiener Arzt und kein Dichter geworden."

Doch zurück zu Olga. Während Schnitzler aus dem in den Meraner Tagen gestifteten Bund mit Gewinn für sein Werk schöpft, schrumpft für sie, die unter ihrer unglücklichen Ehe Leidende und überdies gesundheitlich schwerst Angeschlagene, die Begegnung mit dem Gleichaltrigen zur gleichermaßen schmerzlichen wie tröstlichen Erinnerung:

„Wie anders bin ich doch geworden! Alt, uralt!" schreibt die Dreißigjährige am 22. Juni 1893. „Nur eines ist geblieben: der heiße Durst nach Glück. Heute aber habe ich die Gewißheit, daß es für mich keines gibt." Und vier Jahre später, den grausam frühen Tod vor Augen, fügt sie hinzu: „Heute, wo das Leben hinter mir liegt, wo ich von der Zukunft nichts mehr wünsche und hoffe, wo ich ganz zerquält bin von den ewigen Grübeleien über mein verpfuschtes Leben, heute sage ich Ihnen mit mehr Überzeugung denn je, daß das Meraner Erlebnis das schönste und vornehmste meines Lebens gewesen ist."

Im Frühjahr 1894 – die angegriffene Lunge macht ihr immer schwerer zu schaffen, bald wird der Dauerpatientin auch nicht mehr die Führung des Hotelbetriebs in Reichenau zuzumuten sein – weilt Olga Waissnix ein weiteres Mal zur Kur in Meran. Diesmal ist sie im Sanatorium Warmegg in Obermais unterge-

Das Sanatorium Warmegg in Meran-Obermais, heute ein Krankenhaus

bracht (an dessen Stelle heute das Lorenz-Böhler-Unfall-krankenhaus steht), und wie selbstverständlich fließen in die Schilderung ihres Aufenthalts wehmütige Erinnerungen an jene Schicksalstage vor acht Jahren ein, da sie und Schnitzler einander zum ersten Mal begegnet sind:

„Mein Mann begleitete mich, reiste aber gestern früh wieder ab. Ich bewohne ein reizendes kleines Appartement, das ich mir so wohnlich wie möglich hergerichtet habe. Große Stube für mich, kleiner Salon, Zimmer fürs Mädchen. Von meinem Balkon aus sehe ich Partschins und Marling, nach Valentin habe ich ein paar Schritte, auch die Naif fließt ganz nahe hier vorbei. Warmegg liegt ganz am Berge, ist sehr still, meist von eleganten alten Leuten bewohnt.

Gestern nachmittag war ich in Valentin. Der Himmel lachte genauso unschuldig herab, und genauso müde lag der Frühling wie damals auf dieser zauberischen Gegend. Wie ich das kleine Kirchlein wiedersah, fiel mir manches ein, das ich in der Zwischenzeit vergessen hatte. Da hab ich einst voll Angst gekniet, erfüllt von Ahnungen eines großen, wahren Glückes!"

„Da hab ich einst voll Angst gekniet":
Das Kirchlein St. Valentin

Von Mal zu Mal wird der Ton ihrer Briefe elegischer; sechs Tage später vertraut sie Schnitzler an:

„Sie wissen ja gar nicht, was mir Ihre Briefe waren. Ich zählte immer die Tage, bis Ihre Antwort kam. Und wenn so ein ersehnter Brief da war, gab's wieder Schwierigkeiten mit dem Lesen. Gewöhnlich flog ich irgendwohin im Wald, wo ich nicht gestört werden konnte. Welche Freude, wenn eine liebe Stelle drin vorkam!

Die wurde so oft gelesen, bis ich sie auswendig konnte, und den Brief trug ich so lange mit mir herum, bis wieder ein neuer ankam."

Die Bilanz, die sie zieht, ist ernüchternd:

„Was hatten wir voneinander in diesen acht Jahren nach den poetischen fünf Meraner Tagen, denn hier kannten wir uns eigentlich bloß vom Samstag bis zum Mittwoch. Nichts als flüchtige Stunden auf der Straße, bei Sturm und Schnee, so eine Durchhausbeziehung ohne all den Reiz, den der Verkehr at home zwei Menschen bietet. Nur die Briefe haben uns zusammengehalten …"

Wieder und wieder beschwört Olga Waissnix die Erinnerung an das „Erlebnis Meran" – noch in ihrem letzten Lebensjahr schreibt sie in einem Brief an Schnitzler:

„Du geliebtes Meran, wie die längst versunkene Zauberstadt Vineta steigst Du vor mir herauf. Die Tränen treten mir in die Augen, wenn ich an Dich denke! Wieder sehe ich das liebe weiße Haus mit dem braunen Balkon, wieder die rätselhafte Coquette Sigmundskron, wieder Schloß Tirol aus der Spielereischachtel, wieder den Lazzagsteig mit der Zenoburg, wieder das geliebte St. Valentin vor mir."

Am 27. September 1897 – Arthur Schnitzler hat den fünfunddreißigsten Geburtstag zwanzig Wochen hinter, Olga Waissnix den ihren sieben Wochen vor sich – sehen die beiden einander zum letzten Mal. In Vöslau. Und hier, in der elterlichen Villa, wo sie sich von ihren zwei Operationen erholen und neuen Lebensmut fassen soll, stirbt sie am 4. November an Lungenentzündung. Die Nacht davor ist sie dem Dichter im Traum erschienen – schwarz gewandet.

In seinem Werk aber lebt sie weiter. Und auch in seinen privaten Aufzeichnungen. Als Arthur Schnitzler im Sommer 1925, viele Jahre nach ihrem und sechs Jahre vor seinem eigenen Tod, noch ein allerletztes Mal zu Besuch in Meran weilt, trägt er unter dem Datum 25. Juni in sein Tagebuch ein:

„Erinnerungen an 86, Olga W."

Ein schöner junger Mann

Alma Mahler und Walter Gropius

April 1910, es ist Gustav Mahlers dritte „Saison" im Pustertal. Nach dem Muster seiner beiden ersten Komponierhäuschen – in Steinbach am Atter- und in Maiernigg am Wörthersee – hat er sich auch hier wieder in Gehweite von seinem Logis und mitten im Wald eine dieser Eremitenzellen zimmern lassen, deren Abgeschirmtheit und Stille ihm für seine Arbeit unentbehrlich geworden sind. Vor drei Jahren hat Alma, seine Frau, den bäuerlichen Herrensitz in Altschluderbach, zwei Kilometer westlich von Toblach, entdeckt; nun werden regelmäßig für die Sommermonate die zehn Zimmer der oberen Etage, zu der auch eine geschlossene Veranda gehört, gemietet. Im dicht an den Trenklerhof angrenzenden Fichtenwäldchen erreicht Mahler nach fünf Minuten Fußmarsch sein „Arbeitssanctuarium", das im Umkreis von einem Kilometer durch einen anderthalb Meter hohen Sperrzaun gegen jede Störung von außen abgesichert ist.

Wirklich gegen jede? Gewohnt, schon bei Tagesanbruch vor seinen Notenblättern zu sitzen, bringt es ihn aus der Fassung, wenn er vom Hof herüber den Haushahn krähen hört. Mahler stellt seinen Quartiergeber zur Rede: Gibt es denn keine Möglichkeit, den Störenfried zum Verstummen zu bringen? Altbauer Trenkler lacht: Doch, man braucht ihm nur den Hals umzudrehen. Davon will Mahler freilich nichts wissen: Ihm würde es genügen, wenn das Tier seiner Pflicht zeitversetzt nachkäme – nachmittags, wenn er mit seiner Arbeit fertig ist.

Vollends zur Katastrophe kommt es, als es eines Tages einem Adler und einer Krähe einfällt, mitten in Mahlers Revier einen Kampf auf Leben und Tod auszutragen. Entsetzt springt er von seinem Arbeitstisch auf, als der mächtige Raubvogel zum Fenster hereingestürzt kommt und das sonst so stille Komponierhäuschen für Minuten zum Gruselkabinett wird. Kaum ist der ungebetene

Gast wieder abgezogen, folgt ein zweites Schrecknis: Unter dem Sofa, das Mahler zum Ausspannen neben dem Klavier stehen hat, flattert eine Krähe hervor: Das gejagte Wild hat unter der Bettstatt Schutz gesucht. Am ganzen Leib zitternd und vom Anblick des grausamen Naturschauspiels gezeichnet, braucht Gustav Mahler lange, bis er wieder zu sich kommt und seine Arbeit fortsetzen kann.

Aber dies alles ist noch gar nichts, erinnert man sich der beiden Handwerksburschen, die eines Tages frech über den Zaun klettern, in Mahlers Allerheiligstes eindringen und ihn mit Bettelei

Von Alma Mahler als Sommerdomizil entdeckt: Der Trenklerhof

belästigen: Zornentbrannt verfügt er, daß die Einfriedung unverzüglich mit Stacheldraht zu sichern sei.

Ein andermal bringt das törichte Verhalten des Stubenmädchens Mahler in Rage: Auf der Stelle verlangt er deren Entlassung. Ein Fremder klopft am Trenklerhof an und fragt mit unverkennbar amerikanischem Akzent nach „Mister Mähler". Die Bediente, streng angewiesen, keinen Menschen vorzulassen, weist den Besucher ab: „Der Herr Direktor arbeitet und ist für niemanden zu sprechen." Auf die Frage, wo er sich denn befinde, deutet das arglose Geschöpf mit der Hand in Richtung Komponierhäuschen. Der unbekümmert-dreiste Kerl, Vertreter einer großen amerikanischen Klavierfabrik, marschiert daraufhin seelenruhig los und ruft mit lauter Stimme in den Wald hinein: „How do you

57

do, Mister Mähler?" Der berühmte Komponist, mitten in konzentriertester Arbeit, soll ihm ein Instrument abkaufen. Mahler kann den Unseligen gerade noch hinauswerfen, dann streckt ihn ein Herzkrampf nieder. Später einmal wird er jenen Vorfall mit dem Gefühl vergleichen, von der Spitze des Stephansdoms aufs Straßenpflaster hinuntergestoßen zu werden …

Das Bild wäre unvollständig, bliebe die andere Seite unerwähnt: Natürlich gibt es auch Momente des Entzückens. Zu Tränen gerührt kehrt Mahler von seinem Arbeitsplatz ins Wohnhaus zurück, als er beim Verlassen des Komponierhäuschens den moosigen Waldboden ringsum mit frischen Schwammerln übersät findet. Ein warmer Regen ist niedergegangen und hat die weiße Pracht aufgehen lassen.

Um nur ja keines der zarten Gebilde, die ihn wie Kinder anmuten, zu zertreten, führt er auf dem Weg durch den Wald einen wahren Eiertanz auf …

Im Haus angelangt, ist er freilich wieder ganz der alte: Schon unter der geringsten Lärmbelästigung leidet er. In den vorangegangenen Sommern hat er das „Lied von der Erde" und die Neunte Symphonie geschrieben; jetzt ist er dabei, die Zehnte zu skizzieren. Tagsüber herrscht Ruhe, und die Hausleute haben sich sogar daran gewöhnt, nur in seiner Abwesenheit zu mähen. Dafür, so klagt er in einem seiner Briefe, ergehen sie sich des Abends „in munteren Scherzen und fröhlichen Liedern":

„Manchmal spielen sie auch ein recht anregendes Gesellschaftsspiel – eine Art Kegel- und Kugelwerfen, wobei es hauptsächlich darauf ankommt, die Bein- und Armmuskeln durch vieles Strampeln zu stählen und die Lungen zu höchsten Kraftleistungen heranzubilden."

Selbst ihre demonstrative Rücksichtnahme kann an den Nerven des hochgradig Empfindlichen zerren:

„Entweder flüstern die Bauern, daß die Fenster klirren, oder sie gehen auf den Fußspitzen, daß das Haus wackelt. Der Kindermord von Bethlehem ist rein gar nichts und die Kentaurenschlacht ein Kinderspiel gegen die reizvollen Naturlaute der munteren Berg- und Hausbewohner. Die beiden Stammhalter zwitschern den ganzen Tag … und auch der Hund läßt mich fühlen, daß ich ein Mensch unter Menschen bin, und bellt täglich von Anbruch der Dämmerung bis in die süßen Träume der Bauernjagerln hinein. Ich komme alle Viertelstunden auf und gedenke der sanft Schnarchenden. Hol's der Teufel: Wie schön wäre die Welt, wenn man zwei Joch umzäunt hätte und mittendrin allein wäre!"

Doch führt die ländliche Abgeschiedenheit des Sommerdomizils mitunter auch zu Versorgungsschwierigkeiten. Die Spezialfedern, die Mahler zum Notenschreiben braucht – „mit breiter Spitze und so weich wie möglich" –, muß er sich über Freunde aus Wien beschaffen, und das braucht seine Zeit. „Wie kann es kommen", klagt er in einem Brief an seinen „Lieferanten", „daß eine Feder, die doch offenbar von Dir Montag früh bestellt, erst Mittwoch früh bei mir ankommt? Das passiert regelmäßig bei Wiener Sendungen, das ist doch saumäßig! Bitte, laß die Feder, die Du morgen früh bestellen wirst, noch mit dem Abendzug abschicken, so daß sie übermorgen früh bei mir ist. Ich bin schrecklich behindert."

Gustav Mahlers „Arbeitssanctuarium"

In die Beschaffung des für sein Wohlbefinden Notwendigen ist die gesamte Verwandtschaft eingespannt: Schwiegermutter Anna Moll ist für die Zigaretten zuständig („aber bitte mit Mundstück!"), und Stiefvater Carl Moll erhält Auftrag, zu Almas Geburtstag ein kostbares Diadem anfertigen zu lassen. Er selbst wünscht sich ein Bettischchen. Dafür darf Moll „mal auf einen Sonntag" nach Toblach zu Besuch kommen: „Ich kann mir nicht denken, daß nicht auch ein Maler dieser Herrlichkeit etwas abgewinnen sollte."

Gustav Mahler hat in diesem Frühjahr 1910 – es wird sein dritter und letzter Aufenthalt in Südtirol sein – wieder halbwegs Boden unter den Füßen: Die Kränkungen rund um seinen Abgang als

Chef der Wiener Hofoper sind durch die Triumphe seiner erst dadurch möglich gewordenen internationalen Karriere wettgemacht; die schmerzliche Erinnerung an den Tod seines kaum fünf Jahre alt gewordenen Töchterchens Maria ist durch fluchtartiges Verlassen des Unglücksortes – man hat deshalb sein Sommerquartier vom Wörthersee ins Pustertal verlegt – gemildert; auch mit der niederschmetternden Diagnose, selber mit einem angeborenen beidseitigen Herzklappenfehler behaftet zu sein, hat er nolens volens zu leben gelernt. Als ihn vor drei Jahren der Dorfarzt Dr. Blumenthal mit der grausamen Wahrheit konfrontiert, ist er zunächst wie vernichtet. Doch der Wille zur Arbeit richtet ihn wieder auf; in einem Brief an seinen Freund und Kollegen, den Dirigenten Bruno Walter, schreibt er:

„Ich hatte mich seit vielen Jahren an stete und kräftige Bewegung gewöhnt. Auf Bergen und in Wäldern herumzustreifen und in einer Art von keckem Raub meine Entwürfe davonzutragen. An den Schreibtisch trat ich nur wie ein Bauer in die Scheune, um meine Skizzen in Form zu bringen. Nun soll ich jede Anstrengung meiden, mich beständig kontrollieren, nicht viel gehen."

In Toblach mit seiner herrlichen Umgebung verspürt er den Verzicht doppelt stark:

„Zum erstenmal in meinem Leben wünsche ich, daß meine Ferien zu Ende wären. Ich kann nichts als arbeiten; alles andere habe ich im Laufe der Jahre verlernt. Mir ist wie einem Morphinisten, dem man mit einem Schlage sein Laster verbietet."

Anstrengende Bergwanderungen sind gestrichen, desgleichen der geliebte Schwimmsport. Dabei ist körperliche Ertüchtigung für Mahler mehr als ein Freizeithobby – sie ist der Kraftquell fürs Komponieren: „Am Schreibtisch kann ich nicht arbeiten. Ich brauche für meine innere Bewegung die äußere."

Wie soll er da zu neuen Werken kommen?

„In diesen Tagen las ich Goethesche Briefe – ihm war sein Sekretär, dem er zu diktieren gewohnt war, erkrankt; dies war für ihn eine solche Störung, daß er mitten in der Arbeit vier Wochen pausieren mußte. Denken Sie einmal, dem Beethoven wären durch einen Unglücksfall seine Beine amputiert worden. Wenn Sie seine Lebensweise kennen – glauben Sie, daß er zunächst nur einen Quartettsatz hätte entwerfen können?"

Gustav Mahler verlangt, um seinem Tagwerk nachgehen zu können, also noch mehr Rücksichtnahme, noch mehr Zuwendung von seiten seiner Umwelt. Von den zehn Zimmern der Toblacher Sommerwohnung gehören die beiden größten und schönsten ihm, und obwohl er kleiner ist an Wuchs als seine Frau, bekommt er sogar das längere Bett. An Personal stehen zwei Dienstmädchen, eine Köchin und eine Kinderfrau zur Verfügung, an Instrumenten drei auf Wohnung und Komponierhäuschen verteilte Klaviere. Alma muß alle eigenen Wünsche zurückstellen, kommt sich selber – neunzehn Jahre jünger als er, also jetzt knapp einunddreißig – teils wie ein Domestik vor, teils wie ein großes Kind. Obwohl Mahler wissen müßte, wie sehr ihr an derlei gelegen ist, „übergeht" er Geburtstage und Festesfeiern. Auch hat man getrennte Schlafzimmer: Kommt es überhaupt zur Vereinigung der Eheleute, so nur nach seinem Willen und wenn Alma vielleicht schon in tiefem Schlaf liegt.

Das „ewig während Hetztreiben, das ein solcher Riesenmotor wie Mahlers Geist bedingt" (wie es Alma später in ihren Erinnerungen ausdrücken wird), ist sogar für eine so robuste Person wie sie auf die Dauer zuviel, und so kommt sie in diesem Frühjahr 1910 nicht ohne ärztlichen Beistand aus. Einen Nervenzusammenbruch fürchtend, läßt sie ihren Mann allein in Toblach zurück und unterzieht sich im steirischen Tobelbad einer Ruhekur.

Mit von der Partie: Töchterchen Anna, die jetzt sechs Jahre alte Zweitgeborene. Auch Mutter Anna Moll, eilends aus Wien herbeizitiert, gesellt sich ihr zu, und dies hat einen mehr als delikaten Grund: Die ebenso lebenskluge wie tatkräftige Frau soll Alma aus einer amourösen Verstrickung heraushelfen, in die sich diese während ihres Kuraufenthalts in Tobelbad hineinmanövriert hat.

Die ersten Tage ohne jeden Umgang mit anderen Kurgästen, werden Alma von dem um ihren Zustand besorgten Anstaltsleiter eine Reihe junger Leute vorgestellt, die die Patientin auf ihren Spaziergängen begleiten und auf andere Gedanken bringen sollen. Unter diesen ist ein blendend aussehender junger Mann aus angesehener preußischer Familie: blond, helläugig, siebenundzwanzig Jahre alt. Sein Name: Walter Gropius. Der angehende Architekt, im Begriff, sich mit einem aufsehenerregenden Fabrikbau im hessischen Alsfeld als Glas-Beton-Pionier einen Namen zu machen (ehe er als Gründer des Bauhauses Weltruhm erlangen wird), macht in Tobelbad Ferien. Und verliebt sich prompt in Alma Mahler.

Mutter Anna Moll läßt die beiden gewähren: Sie weiß, was ihre nervenkranke Tochter in dieser kritischen Phase braucht. Während also Alma die Nächte mit ihrem vier Jahre jüngeren Galan verbringt, schreibt sie tagsüber ihrem Mann „kurze traurige Briefe". Der ist darüber beunruhigt – allerdings nur, was den medizinischen Erfolg der Kur betrifft. Ahnungslos schaltet er die Schwiegermutter ein, schreibt ihr:

„Ich bin schrecklich traurig über diese immer wiederkehrende quälende Krankheit. Es muß alles Erdenkliche getan werden, daß Alma wieder gesund und stark wird."

Im Juli kann Mahler es einrichten, daß er der Patientin in Tobelbad einen kurzen Besuch abstattet. Von ihrem Treiben dort („An meiner Seite lag ein schöner junger Mann", wird sie später in ihren Erinnerungen eingestehen, „und in dieser Nacht hatten sich zwei Seelen gefunden, und zwei Körper hatten sich dabei vergessen") bekommt der gehörnte Ehemann nichts mit. Im Gegenteil: Nach seiner Rückkehr nach Toblach zeigt er sich – wiederum in einem Brief an Schwiegermutter Anna Moll – aufs höchste zufrieden:

„Ich fand Alma viel frischer und munterer vor und bin fest davon überzeugt, daß ihr die Kur sehr guttut. Bitte, sieh zu, daß sie so lange wie möglich dortbleibt."

Ende Juli bricht Alma ihre Zelte in Tobelbad ab und kehrt zu ihrem Mann nach Toblach zurück. Walter Gropius, besessen von seiner Leidenschaft zu Alma, wechselt mit ihr Geheimbriefe – man korrespondiert postlagernd. Und dann passiert eine Panne, die sich keiner der Beteiligten erklären kann: Gropius bringt abermals eine seiner schwärmerischen Episteln zu Papier, adressiert sie jedoch statt an Alma irrtümlich an deren Mann. Auf dem Flügel, wo für ihn während seiner vormittäglichen Aufenthalte im Komponierhäuschen regelmäßig die eingehende Post deponiert wird, damit er sie nach Tisch sichte, findet Gustav Mahler das verhängnisvolle Elaborat vor, liest es, ruft verstört nach seiner Frau, händigt ihr den Brief aus und fragt sie mit stockendem Atem: „Was ist denn das?"

Alma überfliegt das Papier, dann bricht es aus ihr heraus: Jawohl, sie habe ihn betrogen – und das mit gutem Grund. Acht Jahre seien sie nun miteinander verheiratet, aber es seien für sie acht Jahre unausgesetzter Unterdrückung gewesen. Wie ein körperloses Wesen habe er sie behandelt, die Luft zum Atmen habe es

„An meiner Seite lag ein schöner junger Mann": Walter Gropius

ihr genommen, die ganze Zeit habe er für nichts als seine Kunst Augen gehabt.

Schweigend hört sich Gustav Mahler alles an: keine Vorwürfe, keine Szene. Statt dessen Einsicht in die eigene Schuld. Und panische Angst davor, verlassen zu werden.

Nein, beteuert Alma, keinen Augenblick denke sie daran, sich von Mahler zu trennen.

Das ist es, was er hören will – er bricht in ekstatische Liebesbezeugungen aus, schwört, fortan keinen Augenblick von ihrer Seite zu weichen, läßt zugleich seiner Eifersucht freien Lauf. Die Tür zu ihrem Zimmer muß von nun an stets offenstehen: Er will Alma atmen hören. Bisweilen, wenn sie nachts aufwacht, sieht sie Mahler in der Finsternis vor ihrem Bett stehen. Und wenn sie ihn aus dem Komponierhäuschen zum Essen holt, trifft sie ihn wiederholt in erbärmlicher Verfassung an: auf dem Boden liegend, in Tränen aufgelöst. Einmal, von bösen Ahnungen aus dem Schlaf geweckt, eilt sie in sein Zimmer – und findet sein Bett leer. Leblos liegt Mahler im Vorraum, neben ihm die brennende Kerze. Während der Diener mit dem Fahrrad zum Dorfarzt eilt, verabreicht Alma dem Ohnmächtigen, was an herzstärkenden Mitteln im Haus ist, hüllt ihn in warme Tücher. Der Arzt verordnet strengste Bettruhe.

Doch kaum ist Mahler wieder auf den Beinen, folgt der nächste Schock. Alma hat ihre Droschke vorfahren lassen, will zu einer Spaziertour aufbrechen. Kurz vor der Brücke, die auf dem Weg nach Toblach die Rienz überquert, läßt sie den Kutscher anhalten: Der junge Mann, den sie da, hinterm Ufergebüsch verborgen, erspäht hat, ist Walter Gropius! Obwohl sie ihn brieflich beschworen hat, ihr unter keinen Umständen nachzustellen, scheint er fest entschlossen, aufs Ganze zu gehen, ist in den Zug gestiegen, hat sich in Toblach nach dem Weg zum Trenklerhof erkundigt, irrt stundenlang in der Gegend umher und befindet sich nun auf dem Anmarsch zum Mahler-Logis.

Alma stellt ihn zur Rede, will ihn zur Abreise bewegen. Und da alles nichts fruchtet, eilt sie nach Hause und unterrichtet ihren Mann von dem, was vorgefallen.

Mahler reagiert souverän, nimmt die Sache selber in die Hand, zitiert den ungebetenen Gast ins Haus. Es ist Abend inzwischen, mit der Laterne in der Hand weist der gehörnte Ehemann seinem Nebenbuhler den Weg. Alma, aus ihrem Zimmer herbeigerufen, soll sich mit Gropius aussprechen; Mahler geht unterdessen in höchster Aufregung im Nebenraum auf und ab – jeder seiner Schritte ist durch die Zwischenwand zu hören. Auf einmal aber wird es still. Alma, in panischer Angst, eilt hinüber: Mahler sitzt, über die Bibel gebeugt, seelenruhig an seinem Tisch, zwei Kerzen spenden mattes Licht. „Was du tust, wird recht getan sein. Entscheide dich!" sagt er zu seiner Frau, mehr nicht.

Alma hat sich längst entschieden: Sie bleibt bei ihrem Mann. Und fordert Gropius auf, sich zu verabschieden. Wortlos gibt sie ihm bis an die Grenze des Grundstücks das Geleit.

Am nächsten Morgen fährt sie nach Toblach hinein und bringt den Exgeliebten vom Hotel zum Zug. Als sie zum Trenklerhof zurückkehrt, kommt ihr Mahler auf halbem Weg entgegen: Bis zuletzt hat er gebangt, sie könnte es sich anders überlegen und dem Ehebrecher folgen. Der gibt übrigens auch jetzt noch nicht auf: telegraphiert ihr von jeder Station seiner Rückreise. Und Alma schreibt in ihr Tagebuch:

„Lange Anrufe folgten und Beschwörungen, und Mahler verwendete dies alles in den wunderschönen Gedichten aus jener Zeit." So hat sie gleich auch noch die Genugtuung, wieder einmal etwas für seine Inspiration getan zu haben, für sein Werk …

Die Kritzeleien auf der Partiturskizze der Zehnten Symphonie, die ihn seit kurzem beschäftigt, geben unverblümt wieder, was Gustav Mahler in dieser Zeit durchmacht:

„Oh Gott, oh Gott, warum hast Du mich verlassen!"

„Ach! Ach! Ach! Leb wohl, mein Saitenspiel!"

„Für Dich leben! Für Dich sterben, Almschi!"

Der psychischen Zerrüttung des Übersensiblen folgt die physische auf dem Fuß: Mahler wird impotent. Und entschließt sich, Dr. Sigmund Freud zu konsultieren. Der vier Jahre Ältere, dessen „Abhandlungen zur Sexualtheorie" internationales Aufsehen erregt haben, weilt allerdings außer Landes, macht gerade mit seiner Familie in Holland Ferien. Der Neurologe Richard Nepallek, ein Verwandter Almas, stöbert ihn in der Universitätsstadt Leiden auf, verschafft Mahler einen Termin bei ihm. Was daran lästig ist: Der Patient muß sich nach Holland bemühen. Zweimal bittet er um Verschiebung, schließlich besteigt er den Zug nach Leiden.

Man trifft einander in einem Hotel, bricht von dort zu einem vierstündigen Spaziergang auf. Mahler schildert Freud seine Qualen – und muß sich schwere Vorwürfe aus dem Mund seines prominenten Beraters gefallen lassen: „Wie kann man in einem solchen Zustand ein junges Weib an sich ketten?"

Was dann folgt, ist ein Privatissimum zum Thema Ödipuskomplex: Er, Freud, kenne Alma. Der Altersunterschied sei nicht das Problem – im Gegenteil. Auf Grund ihrer überstarken Vaterbeziehung könne sie sich nur an einen väterlichen Mann binden. Umgekehrt habe er, Mahler, eine Frau nach dem Abbild seiner Mutter gesucht. „Was ich allerdings nicht verstehe: Ihre Mutter hieß Marie – wie kommt es, daß Sie eine Frau namens Alma geheiratet haben?"

Da fällt es Mahler wie Schuppen von den Augen: Hatte er nicht Alma immer mit ihrem zweiten Vornamen anreden wollen, und dieser zweite Vorname war Maria?

Dr. Freud kann seinen Patienten beruhigen: Gustav und Alma Mahler passen vorzüglich zusammen, nur müsse er mehr auf sie eingehen.

Auf rührende Weise holt er es nach: Noch während der gemeinsamen Sommerfrische in Toblach überschüttet Mahler sein „Almschilitzili" mit Liebesbezeugungen der zärtlichsten Art. Wenn sie morgens aufsteht, findet sie auf ihrem Nachtkästchen Grußbotschaften wie diese vor:

„Mein Lebensatem! Ich habe die Pantöffelchen tausendmal abgeküßt und bin in Sehnsucht an Deiner Tür gestanden. Du hast Dich meiner erbarmt, Du Herrliche, aber mich haben die Dämonen wieder gestraft, weil ich wieder an mich gedacht habe und nicht an Dich, Du Teure!"

Oder: „Geh, bleib heute den Tag im Bett – das wird das beste Ausruhen für Dich. Ich setze mich zu Dir und gehe den ganzen Tag nicht fort."

Oder: „Nicht zu mir kommen, denn es ist zu naß, und Deine kleinen Füße könnten feucht werden – oder Galoschen anziehen!"

Als Alma eines Tages von einem Spaziergang mit ihrer kleinen Tochter zum Trenklerhof zurückkehrt, hört sie aus dem Haus Klavierspiel und Gesang. Wie erstarrt bleibt sie stehen: Sind das nicht *ihre* Lieder? Als sie ins Zimmer tritt, ruft ihr Mahler entgegen:

„Was hab ich bloß getan! Deine Sachen sind ja gut! Du mußt auf der Stelle weiterarbeiten. Wir suchen gleich nach einem Heft. Und gedruckt werden muß es auch! Ich werde keine Ruhe geben, bevor du nicht fertig bist. Mein Gott, wie konnte ich nur so verbohrt sein!"

Alma und Gustav Mahler auf dem Weg nach Altschluderbach

Zehn Jahre mußten verstreichen, bis Gustav Mahler, all die Zeit ganz in seiner eigenen Arbeit aufgehend, die Kompositionen seiner Frau „entdeckt", die diese als knapp Zwanzigjährige, unter der Anleitung ihres damaligen Lehrers und Liebhabers Alexander von Zemlinsky, zu Papier gebracht hat. Das meiste davon war unvollendet geblieben – der „Sarg mit diesen Geschöpfen", wie sie die Mappe mit den Notenblättern einmal resigniert nennt, ist auch diesmal, bei der Übersiedlung in die Sommerfrische, in ihrem Reisegepäck. Doch sie rührt keinen Finger, daran weiterzuarbeiten. Mahler ist es, der, in ihren Habseligkeiten wühlend, in diesen Tagen der überwundenen Ehekrise den kostbaren Schatz hebt.

Alma weiß natürlich, daß Mahlers plötzliche ekstatische Zuwendung zu seiner Frau pathologisch übersteigert ist, und sie ist geschmacklos genug, auch ihren einstweilen außer Dienst gestellten Liebhaber Walter Gropius, mit dem sie gleichwohl weiterhin in regelmäßigem Briefwechsel steht, in die neue Situation einzuweihen:

„Seine abgöttische Verehrung und die Bewunderung, die er nun für mich hegt, sind ganz und gar nicht normal."

Daß sie Gropius in der Folge mit nur brieflicher Bekundung ihrer Sinnenlust abspeist, hat wohl mit ihrem Hochgefühl zu tun, die Machtverhältnisse in ihrer Ehe umgekehrt und Mahler nunmehr ganz in ihrer Hand zu haben. Und vielleicht auch mit dem Wissen darum, daß es sein sicheres Ende bedeuten würde, ließe sie ihn jetzt zugunsten eines Jüngeren im Stich:

„Ich erlebe etwas an meiner Seite, das ich nicht für möglich gehalten hätte. Nämlich, daß Liebe so grenzenlos ist, daß mein Bleiben – trotz allem, was geschehen ist – ihm Leben sein wird und mein Scheiden Tod. Gustav ist wie ein krankes, herrliches Kind."

Bis aus Alma Mahlers Liaison mit Walter Gropius ein Ehebund wird (dem im übrigen keine Dauer beschieden ist), vergehen noch volle fünf Jahre – Jahre, in denen zunächst einmal eine deutliche Abkühlung der Verbindung eintritt. Auch drängen sich nach Gustav Mahlers Tod – am 18. Mai 1911 stirbt der knapp Einundfünfzigjährige an seinem angeborenen Herzleiden und den Folgen seiner immer wieder wegen Arbeitsüberlastung übergangenen Angina-Anfälle – eine Reihe weiterer Verehrer um die schöne junge Witwe: der Neurologe Joseph Fraenkel, der Biologe Paul Kammerer, der Maler Oskar Kokoschka. Im Kriegssommer 1915 werden Alma Mahler und Walter Gropius, der als Leutnant eingerückt ist und für zwei Tage auf Sonderurlaub in Berlin weilt, getraut. Vierzehn Monate darauf kommt Tochter Manon zur Welt. Und weitere vier Jahre später – längst hat der Dichter Franz Werfel seinen Platz an Almas Seite eingenommen – gibt Gropius seine Frau für den Nachfolger frei.

WER IST DIE DAME?

Albrecht Dürer und die Nemesis

Zu den Schätzen der Wiener Graphischen Sammlung Albertina zählt – neben so manchem anderen Dürer – dessen Kupferstich „Das große Glück". Der Meister selber hat das Blatt „Nemesis" genannt, es ist 333 mal 231 Millimeter groß und dürfte 1501/02 entstanden sein – erst ab 1503 geht Dürer dazu über, auf seinen Stichen außer dem Monogrammtäfelchen auch Datierungen anzubringen.

Das hochformatige Bild, das den Hauptwerken der deutschen Renaissance zugerechnet wird, dominiert eine nackte Frauengestalt mittleren Alters, die, mit gespreizten Flügeln auf einer frei schwebenden Kugel stehend, in der rechten Hand einen Pokal und in der linken ein Zaumzeug hält. Ihr Gesichtsausdruck ist emotionslos, verrät Abgeklärtheit: Es ist Nemesis, die griechische Göttin der Vergeltung, die im Kanon der antiken Mythologie für die Ausgewogenheit von Glück und Unglück im Leben der Menschen zuständig ist. Der Pokal symbolisiert ihre spendende, das Zaumzeug ihre zügelnde Kraft; die Kugel, die man sich in steter Bewegung vorzustellen hat, deutet auf die Wechselhaftigkeit des Glücks.

Das ist die eine Hälfte des Bildes, die obere. Die untere, von jener durch einen faltenwurfähnlichen Wolkenkranz getrennt, zeigt eine Stadtlandschaft mit Fluß und Bach, mit Felshang und Burg, in der es von allegorischen Signalen nur so wimmelt. Der steile Steig, der zum Kastell hinaufführt, soll den beschwerlichen Pfad der Tugend, der flußabwärts ins Dunkle weisende den gefährlichen Weg des Lasters markieren.

Es ist das erste Mal, daß Albrecht Dürer, zu dieser Zeit ein Mann um die Dreißig, ein mythologisches Motiv mahnend-erbaulicher Natur nicht im luftleeren Raum ansiedelt, sondern in eine konkret-realistische Landschaft einfügt. Personifizierte Tugenden

Gibt der Kunstwelt Rätsel auf: Dürers „Nemesis"

zählen zum Standardrepertoire der Bildersprache der Renaissance: Unter ihren lateinischen Namen und in antikisierenden Gewändern bevölkern Ratio und Prudentia, Potentia, Speranza und Nobilitas auch viele von Dürers Handzeichnungen. Seine Nemesis, auch durch ihr Flügelpaar vom scheinbar leibhaftigen Menschen zum Symbolträger überhöht, ist eines jener Bilderrätsel, die sich dem Betrachter umso leichter erschließen, je besser er in die Literatur eingeweiht ist, die Albrecht Dürer zu dieser Zeit liest.

Vor wenigen Jahren ist – aus dem Nachlaß des Florentiner Dichters und Humanisten Angelo Poliziano – die Vers-Sammlung „Silvia in Bucolicon Virgilii pronuntiata cui titulus Manto" erschienen, in der unter anderem auf jene Glücksgöttin eingegangen wird, die die Übermütig-Unmäßigen in ihre Schranken weisen soll. Dürer hat dieses Buch gelesen, zeigt sich von der Figur der Nemesis tief beeindruckt und setzt das Motiv in eine Zeichnung um: Er „illustriert" Poliziano. Damit der Betrachter aber die lehrhaft-mahnende Aussage des Bildes nicht als etwas Abstraktes begreift, sondern auf *sich* bezieht, siedelt der Künstler sie in der Normalität der Alltagswelt an, verbindet sie mit der Darstellung einer Stadtlandschaft, wie sie jedermann aus eigenem Erleben vertraut ist.

Und während Dürers frühere Arbeiten – durchwegs Aquarelle – Unikate bleiben, die in unzugänglichen Privatsammlungen verschwinden, erreicht sein Kupferstich „Nemesis" eine breite Öffentlichkeit: In zahlreichen Abzügen an mehreren europäischen Kunstzentren vorliegend, findet das Blatt ein großes bewunderndes Publikum, und schon bald setzen erste Versuche ein, den Bildhintergrund zu lokalisieren.

Sein eminenter Detailreichtum – bis hin zu dem Männlein, das mit einem Schubkarren die Brücke zwischen Stadtkern und Felshang überquert – nährt die Zweifel an der ursprünglichen Annahme, der dargestellte Ort könnte ein reines Phantasiegebilde sein. Der Nürnberger Maler und Kunsthistoriker Joachim von Sandrart ist der erste, der mit einer konkreten Spur aufwartet: Er tippt auf das ungarische Städtchen Eytas, aus dem Albrecht Dürers Vater stammt. Andere seines Faches verwerfen diese Annahme: Wo in Ungarn gäbe es solche Berge, wo ein solches Dorf? Und vor allem: Wie hätte Dürer erfahren sollen, welches Aussehen jener weit entfernte Ort gehabt hat, aus dem sein Vater vor so langer Zeit ausgewandert ist?

71

Das Rätselraten geht also weiter. Und die Liste der vermuteten Topoi wird länger und länger: Für die einen ist es die Ortschaft Haigerloch in Hohenzollern, für die anderen Bingen am Rhein, für wieder andere Amsteg an der Gotthardstraße. Ein Zufall bringt die Fährtensucher schließlich ans Ziel – beinah 400 Jahre nach der Entstehung des Werkes: Als der Königsberger Kunsthistoriker Berthold Haendcke das 1898 erschienene Buch „Die Kunst an der Brennerstraße" in die Hand bekommt und die Seite mit der Abbildung des Eisacktalstädtchens Klausen aufschlägt, wird er stutzig: Ist das nicht haargenau – wenn auch spiegelbildlich verkehrt – der Ort aus Dürers „Nemesis"? Haendcke zieht weitere Photographien sowie den alten Merian-Stich zum Vergleich heran und findet binnen kurzem seine Vermutung voll bestätigt: Der Ort, zu dessen Häupten Albrecht Dürer die Schicksalsgöttin über die Menschheit wachen läßt, ist Klausen!

Noch bevor Berthold Haendcke die Reise ins Eisacktal antritt, um seine Entdeckung durch persönlichen Augenschein abzusichern, geht er damit an die Öffentlichkeit, und die örtlichen Fachkollegen stoßen jubelnd nach: Am 16. Februar 1900 kann Ernst Loesch in den „Bozner Nachrichten" unter dem Titel „Albrecht Dürer in Klausen" auch die letzten Zweifel beseitigen. Ja, inzwischen hat man sogar Klarheit über den genauen Standort gewonnen, von dem aus Dürer seine Zeichnung angefertigt haben muß: Es ist exakt die nämliche Stelle am Weg zu der Nachbarortschaft Lajen, von der aus noch heute Maler wie Photographen Klausen ins Visier nehmen.

Noch im selben Jahr 1900 geht in Klausen eine Dürer-Feier über die Bühne, im Gasthof Zum Lamm wird eine Nachbildung des Nemesis-Stiches enthüllt, eine Spendensammlung unter der örtlichen Bevölkerung ermöglicht die Errichtung eines pyramidenförmigen Gedenksteins samt halbrund angelegter Sitzbank, und um der Einweihungszeremonie auch den ihr angemessenen ärarischen Anstrich zu verleihen, wählt man dafür einen ganz besonderen Tag: den 18. August 1912, Kaiser Franz Josephs 82. Geburtstag.

Für die weitere Aufhellung der Entstehungsgeschichte der „Nemesis", die inzwischen unter dem anderen Namen „Das große Glück" ihren Platz in der Kunstgeschichte eingenommen hat, genügt ein Blick in Albrecht Dürers Biographie. In der väterlichen

Werkstatt zu Nürnberg hat der am 21. Mai 1471 Geborene das Goldschmiedehandwerk erlernt, bei dem am selben Ort wirkenden Meister Michael Wolgemut seine Malerlehre absolviert, nach vier Jahren Wanderschaft kehrt er Mitte Mai 1494 in seine Vaterstadt zurück. Zwei Monate später ist der Dreiundzwanzigjährige verheiratet. Die stattliche Mitgift seiner Frau Agnes, Tochter des wohlhabenden Nürnberger Handelsherrn Hans Frey, erlaubt ihm nicht nur die Gründung eines geordneten Hausstandes, sondern auch die Eröffnung einer eigenen Werkstatt, für deren Gesellen Agnes Kost und Logis bereithält. Doch Dürers Pläne zielen in eine andere Richtung. Sei es, daß ihn die seit dem Sommer wütende Pest, der jeder dritte Einwohner der Stadt zum Opfer fallen wird, aus Nürnberg vertreibt, sei es, daß er sich, angezogen von den Aktzeichnungen des venezianischen Kupferstechers Andrea Mantegna, in der Kunst der Menschendarstellung vervollkommnen will: Es zieht ihn nach Italien. Noch im September desselben Jahres, nur zehn Wochen nach seiner Vermählung, nimmt Dürer die Kutsche nach Venedig.

Zwischen den beiden Städten besteht ein reger Handelsverkehr, die Nürnberger Kaufleute unterhalten bei der Rialto-Brücke eine eigene Niederlassung; die vor kurzem von einem Nürnberger Verlag herausgebrachte Landkarte für Pilger- und Kaufmannsfahrten weist dem jungen Künstler den Weg. Die übliche Reisedauer von zehn Tagen verlängert sich in seinem Fall um einiges: Nicht nur zur Schonung der Pferde sind Rasttage einzulegen – jedes Verweilen auf der Strecke nützt unser Zeichner zum Anfertigen von Silberstift- und Federskizzen. Donauwörth, Augsburg, Partenkirchen, Mittenwald und Innsbruck sind die Stationen diesseits, Trient und Verona die Stationen jenseits des Brenners. Auch in Klausen, 85 Kilometer südlich von Innsbruck und 28 Kilometer nördlich von Bozen, macht Dürer halt.

Das in 525 Meter Seehöhe gelegene Städtchen, das seinen Namen auf jene Talenge zurückführt, an der von Westen her der Tinnebach in den Eisack mündet und Burg Branzoll und das Felskloster Säben weit ins Land hinaus grüßen, ist seit alters eine wichtige Zollstation: Jeder Handelsreisende, ob zu Fuß, zu Pferde oder per Fuhrwerk unterwegs, hat seinen Obolus zu entrichten – in der einen Richtung schafft man Salz und Bernstein über den Brennerpaß, in der anderen Obst, Gewürze und Wein. Auch ein florierendes Bergwerk in nächster Nähe sorgt für Einkünfte.

Albrecht Dürer: Selbstbildnis, 1493

Klausen ist am Ausgang des Mittelalters ein wohlgeordnetes Gemeinwesen mit Kirche, Schule und Spital. Eine Ringmauer und drei Türme schützen die Stadttore vor feindlichen Übergriffen, in der Rüstkammer des Zeughauses sind Pulverfässer und Hellebarden, Wurfpfeile und Kugeln, Hackenbüchsen und Schilde eingelagert. Im Siechenhaus finden die chronisch Kranken Aufnahme, das Lazaretthaus tritt bei akuten Epidemien in Aktion, für die laufende ärztliche Versorgung stehen zwei Badestuben zur Verfügung. Der Zeit entsprechend locker sind die sanitären Vorkehrungen: „Item sol auch niemand kainen Misthauffen lassen liegen in der Stadt lennger dann acht tag."

Umso drastischer die Strafen für alle Unholde, die gegen das geltende Stadtrecht verstoßen: Wer keine Steuern zahlt (die Klausener Bürgerliste von 1496 nennt 85 Wohnhäuser mit 98 Parteien und 260 steuerpflichtigen Personen), muß damit rechnen, daß ihm die Haustür ausgehoben und das Herdfeuer gelöscht wird, und auf Raubüberfall steht als Höchststrafe gar das „Handabhauen".

Daß man sich in Klausen zu der Zeit, da Dürer sich in der Stadt aufhält, auch aufs Feiern versteht, geht aus dem Bericht einer venezianischen Gesandtschaft hervor, die zu Fronleichnam 1492 im Eisacktal weilt: Beim Nachtmahl im Gasthaus Zum Lamm, dessen Wirt als ein „in Wissenschaft und Künsten gelehrter" Mann gerühmt wird, sorgen zwei Musikmeister und fünf stimmgewaltige Knaben für harmonischen und auswendig vorgetragenen Liedgesang („ohne in ein Buch zu sehen"), die Straßen sind mit Sträuchern geschmückt, die Gehwege mit Blumen bestreut, auf den Balkonen der Häuser sind Teppiche ausgebreitet und flackern Wachskerzen „zur Ehre Gottes".

Hier also macht Ende September 1494 der dreiundzwanzigjährige Albrecht Dürer auf seiner mehrere Monate dauernden ersten Italienreise Station. Allein an Tiroler Motiven wird er ein gutes Dutzend Landschaftsaquarelle mit heimbringen, und eines davon – im Original heute verschollen, aber dafür in dem einige Jahre später entstehenden Kupferstich „Nemesis" erhalten – ist der Blick vom damals noch unbebauten Wiesenhang am Lajener Weg auf das Städtchen Klausen. Daß er das Blatt eines Tages als Bildvordergrund für eine seiner nachmals berühmtesten mythologischen Darstellungen brauchen wird, ahnt er zu dieser Zeit nicht: Es wandert in seine „Vorratsmappe" und wartet auf den Tag, da es von dort hervorgeholt und in der Werkstatt des nunmehrigen Kupferstechers Albrecht Dürer ausgewertet werden wird.

Daß das Original in Klausen verblieben wäre, ist auszuschließen: Welcher noch so wohlhabende Bürger der Eisackstadt hätte sich ein solches Werk leisten können? Schon der *junge* Dürer weiß um seinen Wert, liebt das Geld und verlangt horrende Preise. Daß die Klausener Volksbank, die ein halbes Jahrtausend später bei einer Münchner Auktion mitsteigert, um einen der Frühdrucke der „Nemesis" in ihren Besitz zu bringen, „nur" 5000 Mark dafür hinblättern muß, wird bis zum heutigen Tag als glückliche Okkasion gefeiert. So haben die Klausener also ihr Prestigeobjekt nun in der Kassenhalle ihres Geldinstituts hängen – gut plaziert und gut gesichert, ihren Ruf als „Dürerstadt" solcherart auch vor jenen tausenden und abertausenden Touristen dokumentierend, die am Bankschalter ihre D-Mark, ihre Schillinge, ihre Dollars in Lire umwechseln. Und wer es noch genauer wissen will, trete den kurzen Marsch zu jenem Aussichtspunkt oberhalb der Eisenbahntrasse und unterhalb der Brennerautobahn an, wo an einem Herbsttag des Jahres 1494 Deutschlands größter Maler gestanden ist. Von der Eisackbrücke, die das Bahnhofsviertel mit dem Stadtzentrum verbindet, sind es, am ehemaligen Berggericht vorbei und den Hang hinauf, keine zehn Minuten Fußweg. Über die paar Ungenauigkeiten, die sich rund um die Gedenkstätte eingeschlichen haben, kann man großzügig hinwegsehen: Da beim Bau der Brennerbahn Felssprengungen vorgenommen worden sind, die die bewußte Stelle geringfügig verändert haben, ist der Gedenkstein 100 Meter weiter östlich plaziert, und die der Monogramm-Nachbildung AD beigefügte Datumsangabe 1504 hinkt um genau zehn Jahre nach. Auch die um die Jahrhundertwende aufgekommene Mode, den Dürer-Lokalaugenschein mit einer Besichtigung des in der Nachbargemeinde Lajen vermuteten Geburtshauses Walthers von der Vogelweide zu verbinden, wird heute mit Skepsis betrachtet: Die Minnesänger-Forschung ist in der Zwischenzeit zu davon abweichenden Ergebnissen gelangt.

Genaue Angaben darüber, wie lange Dürers erste Italienfahrt gedauert hat, gibt es nicht: Erst auf seiner Reise in die Niederlande, ein Vierteljahrhundert später, wird der Meister Tagebuch führen. Aber aus bestimmten, von seinen unterwegs entstandenen Landschaftsbildern abgeleiteten Indizien schließt man auf ungefähr acht Monate. Via Trient, Gardasee und Brennerpaß tritt er die Rückfahrt an, im Spätfrühjahr 1495 dürfte er wieder bei den Seinen in Nürnberg anzutreffen sein.

Was Dürer vor allem in seinem Gepäck mitbringt, sind eine Fülle neuer Erkenntnisse zur Menschendarstellung, die er der Begegnung mit dem Venezianer Iacopo de Barbari verdankt. Der spätere Hofmaler Kaiser Maximilians I. hat Aufregendes über die Idealmaße des menschlichen Körpers herausgefunden, und Dürer tut ein übriges, indem er sich in die Proportionslehre des antiken Theoretikers Vitruvius vertieft. Auch führt er, um dem „Prototyp" auf die Spur zu kommen, an tausenden nackten Körpern Messungen durch.

Eines der Blätter, in die seine solcherart gewonnenen Erkenntnisse einfließen, ist die um 1500 entstehende, heute zum Bestand des British Museum zählende Vorzeichnung zum Nemesis-Kupferstich, in welchem er die Gestalt der antiken Schicksalsgöttin mit der Stadtansicht von Klausen zu einem einheitlichen Ganzen zusammenfügt. Es ist eine mit Tuschfeder angefertigte Konstruktionsskizze, der er im Jahr darauf die endgültige Kupferstichplatte folgen läßt. Das Antlitz der Nemesis zeigt eine Frau mittleren Alters, die, weder schön noch häßlich, von Kunsthistorikern sehr treffend als „Ideal des Durchschnittlichen" beschrieben worden ist.

Bleibt nur die Frage: Ist auch *dieses* Gesicht ein reines Konstrukt? Oder ist es einer Frau zuzuordnen, die leibhaftig gelebt, die Dürer wo auch immer kennengelernt und die er bei dieser Gelegenheit im Bild festgehalten hat? Man denke nur an jene vornehme, kostbar gekleidete Venezianerin, deren Konterfei er aus Italien mitbringt und wenig später als „babylonische Hure" in einen der Holzschnitte seiner „Apokalypse" einfügt!

Wer also steckt hinter der Nemesis?

Jedenfalls keine Bürgersfrau aus Klausen: Die Gestalt der Schicksalsgöttin und die Südtiroler Stadtansicht, die in Dürers Kupferstich „Das große Glück" bildlich vereinigt sind, haben, was ihrer beider Herkunft betrifft, nicht das geringste miteinander zu tun.

Ist es also eine der Weibspersonen aus jenen Badestuben, die Dürer so gern zum Aktstudium aufsucht? Ist es die Magd in einem der Häuser, in denen er auf Reisen abgestiegen ist? Ist es jemand aus seinem Bekanntenkreis? Oder aus dem eigenen häuslichen

Umfeld? Oder gar – wie ebenfalls schon spekuliert worden ist – Agnes, seine Frau?

Alles ist möglich, nichts ist gewiß. Nur dies: Albrecht Dürer geht mit seinem zeichnerischen Gut haushälterisch um. Nichts soll verkommen – wer weiß, wofür man es noch brauchen kann. Die Skizzenbücher, die Mappen mit den Entwürfen – alles zusammen ergibt einen opulenten Materialvorrat, aus dem sich bei Bedarf wunderbar schöpfen läßt.

Und so ist es gut möglich, daß eines Tages einem ausgepichten Dürer-Kenner die Lösung auch dieses Rätsels gelingen wird – so wie Anno 1898 der Königsberger Gelehrte Berthold Haendcke die Kunstwelt mit der Entdeckung überrascht hat, daß der Ort, an dem Albrecht Dürer die Schicksalsgöttin Nemesis agieren läßt, das Südtiroler Städtchen Klausen ist.

FRIEDLICHE BETÄUBUNG

Franz Kafka und Gertrud Wasner

Kafka und Südtirol – da denkt man natürlich an Meran, an die Pension Ottoburg im Villenviertel von Untermais, an jene drei Monate im Frühjahr 1920, da der knapp Siebenunddreißigjährige seine nachmals berühmten „Briefe an Milena" schreibt – bei Schlechtwetter im Zimmer, bei Schönwetter auf dem gedeckten Balkon. Der seit kurzem krankheitshalber dienstunfähige „Anstaltssekretär" der Prager Arbeiter-Unfallversicherung unternimmt einen weiteren, alle bisherigen Dimensionen sprengenden Versuch, zu einer Frau in Beziehung zu treten.

Eine zweisprachige Tafel an dem ansehnlichen Logis Ecke Maia-Straße/Tobias-Brenner-Straße hält die Erinnerung an jene April-Mai-Juni-Tage des Jahres 1920 auch nach außenhin lebendig. Rosengarten, Lohengrin, Undine – romantische Hausnamen kennzeichnen bis heute das stille Viertel; der Weg zum Postamt am Kaiser-Ferdinands-Kai, wo der Dichter die mehr als dreißig Briefe an die ferne Vertraute in Wien aufgibt, ist von blühenden Vorgärten gesäumt, Kafka-Pilger sind ihn abgeschritten, haben ihn bis ins kleinste Detail beschrieben.

Zu Kafkas Milena-Erlebnis ist also alles gesagt, die einschlägige Literatur füllt ganze Bibliotheksregale. Daß jedoch auch eine „Hiesige", eine zumindest zur Hälfte Südtirolstämmige in das Leben des Dichters eingreift (und zwar sechseinhalb Jahre vor der mit dem Wiener Bankangestellten Ernst Pollak verheirateten Prager Journalistin Milena Jesenská), ist so gut wie unbekannt. Um das Dunkel um diese geheimnisumwitterte, in bewußter Täuschung der Mitwelt einer nur mit den Initialen G. W. bezeichneten „kleinen Schweizerin" zugeschriebene Beziehung aufzuhellen, gilt es, für einen Moment die Landesgrenze zu überschreiten und den Blick ins benachbarte Trentino zu wenden. Denn der Schauplatz des Geschehens ist Riva; auch die kleine Hafenstadt am

79

Nordufer des Gardasees gehört um diese Zeit zu Österreich; ein paar Kilometer weiter südwärts und die „frontiera" Welschtirols gegen Italien ist erreicht.

Kafka kennt den idyllischen Badeort schon von einem früheren Aufenthalt her: Mit Freund Max Brod und dessen Bruder Otto verbringt er im Spätsommer 1909 einige Ferientage in Riva: Man logiert in einer kleinen Pension nahe dem Wasserfall Ponale, geht miteinander schwimmen und unternimmt Ausflüge (etwa zu einer in der Nähe veranstalteten Flugschau, deren Höhepunkte der Dichter in dem Zeitungsaufsatz „Die Aeroplane in Brescia" festhalten wird).

Der Hafen von Riva um 1912

Vier Jahre später kommt er wieder hierher, diesmal jedoch ohne Begleitung. Kafka ist in miserabler gesundheitlicher Verfassung; vor allem die Depressionen, die ihn seit einiger Zeit heimsuchen, nehmen überhand. „Ich werde mich bis zur Besinnungslosigkeit von allen absperren. Mit allen mich verfeinden, mit niemandem reden …", schreibt er ins Tagebuch, das er seit kurzem führt. Schon mit „Qualen im Bett" wacht er morgens auf; aus dem Fenster zu springen, erscheint ihm als die „einzige Lösung". Der Dreißigjährige leidet an Schlaflosigkeit und unter übersteigerter Lärmempfindlichkeit, seine „angstgeschärften Ohren" reagieren auf die leisesten Geräusche. Verdauungsschwierigkeiten lassen ihn zum Vegetarier werden; die ständig wiederkehrenden Kopfschmerzen vergleicht er mit dem Gefühl, „das eine Glasscheibe an der Stelle haben muß, wo sie zerspringt".

Wie sollte da an eine halbwegs ersprießliche Partnerbeziehung zu denken sein? Seit dreizehn Monaten steht Kafka mit der vier Jahre jüngeren Felice Bauer in Verbindung, die im Büro einer Berliner „Parlographen"-Firma beschäftigt ist. Die bei einem Vorstellungsbesuch im Elternhaus zögerlich vorgebrachte Verlobungsbitte wird kurz darauf mit einem Brief an Felices Vater relativiert. Es bleibt allerdings beim Entwurf; welche Eltern könnten einen Brautwerber akzeptieren, der ihnen mitteilt:

„Sie muß mit mir unglücklich werden, so weit ich es absehn kann. Ich bin nicht nur durch meine äußerlichen Verhältnisse, sondern noch viel mehr durch mein eigentliches Wesen ein verschlossener, schweigsamer, ungeselliger, unzufriedener Mensch. Mit meiner Mutter habe ich in den letzten Jahren durchschnittlich nicht zwanzig Worte täglich gesprochen, mit meinem Vater kaum jemals mehr als Grußworte gewechselt. Mit meinen verheirateten Schwestern und den Schwägern spreche ich gar nicht, ohne etwa mit ihnen böse zu sein. Der Grund dessen ist einfach der, daß ich mit ihnen nicht das Geringste zu sprechen habe. Alles, was nicht Literatur ist, langweilt mich. Für Familienleben fehlt mir daher jeder Sinn außer der des Beobachters im besten Fall. Verwandtengefühl habe ich keines, in Besuchen sehe ich förmlich gegen mich gerichtete Bosheit. Eine Ehe könnte mich nicht verändern …"

Noch im September 1913 kommt es deshalb zum Bruch mit Felice Bauer, am Zwanzigsten greift Kafka das vorläufig letzte Mal zur Feder.

Eine Reise in den Süden soll ihn auf andere Gedanken bringen, auch ist ein neuerlicher Kuraufenthalt fällig. Nach Lahmanns Sanatorium auf dem Weißen Hirsch bei Dresden, dem Schweinburgschen Sanatorium in Zuckmantel und dem „Jungborn" im Harz will er es nun mit einer Behandlung in der Wasserheilanstalt des renommierten Hydrotherapeuten Dr. Christoph von Hartungen versuchen, der in Riva am Gardasee zahlungskräftige Patienten aus aller Herren Länder um sich schart.

Das Sanatorium liegt inmitten eines weitläufigen Parks direkt am Seeufer, hält für die Beherbergung der Gäste sechzig Zimmer sowie zwanzig „Lufthütten" bereit und bietet mit Luft- und Sonnenbad, Liegehalle und den verschiedensten Kureinrichtungen alles, was sich eine ebenso pflegebedürftige wie verwöhnte Klientel

Schauplatz der „friedlichen Betäubung":
Sanatorium Hartungen, heute das Kinderheim Colonia Miralago

nur wünschen kann. „Nacktgymnastik" und „schwedische Frei-luftspiele" gehören ebenso zum Programm wie die Verabreichung „aseptisch ermolkener Milch von tuberkelfreien, nur trocken ge-fütterten Kühen", Abreibungen, Güsse und klinisch erprobte Mi-neral-, Kräuter- und Schlammbäder ebenso wie Behandlungen mit Radium, mit galvanischem Strom und mit der „Influenzma-schine", und da sich das Gros der Patienten aus zivilisations-geschädigten „Neurasthenikern" rekrutiert, macht Dr. von Har-tungen im Anstaltsprospekt ausdrücklich auch auf die von ihm eingeführte psychotherapeutische Betreuung aufmerksam:

„Da die Ärzte täglich mit den Patienten verkehren und sich aufs intimste über deren Befinden informieren, wird außer der streng individuell diätetisch-physikalischen Behandlung gleich-zeitig eine seelische Einwirkung möglich, welche die Krankheits-furcht und andere schädliche Vorstellungen wie Gemütsbe-schwerden beseitigt und den Kranken einer daseinsfrohen Stim-mung entgegenführt."

Kafka reist via Wien an, wo er eine dienstliche Fleißaufgabe mit privaten Interessen verbindet: Beim Internationalen Kongreß für Rettungswesen und Unfallverhütung wohnt er unter anderem den Vorträgen zweier Vorgesetzter bei; seine Teilnahme an einer Sitzung des IX. Zionistenkongresses wird zur Folge haben, daß er trotz aller Vorbehalte dem eben gegründeten „Verein jüdischer Beamter" beitritt.

Am 14. September setzt er seine Reise in Richtung Triest fort, von wo er sich nach Venedig einschifft. Nach einer Besichtigung Veronas fährt er nach Desenzano weiter, dort besteigt er den Gardasee-Dampfer, im Hafen von Riva steht der Zweispänner bereit, der ihn ans Ziel seiner Reise bringt.

Drei Wochen hält sich Kafka im Sanatorium Hartungen auf. Welchen therapeutischen Übungen er sich in dieser Zeit unterwirft und mit welchem Erfolg, wissen wir nicht: kein einziges Wort darüber in den Notizbüchern.

Anderes ist ihm wichtiger: Beobachtungen, die er während eines Aufenthalts im Hafengelände anstellt, werden ihn zu der Erzählung „Der Jäger Gracchus" inspirieren, und die Begegnung mit einer jungen Patientin, die im selben Institut abgestiegen ist wie er, geht ihm so nahe, daß er „von ihr angelächelt zu werden" später als „das Allerschönste" preisen wird. Elias Canetti: „In Riva ist es Kafka gelungen, zu lieben, wozu er sich unfähig glaubte."

Doch gehen wir der Reihe nach vor. Im Hafen sieht Kafka mit an, wie eine Barke „zur Fahrt ausgerüstet" wird; im Tagebuch hält er darüber fest:

„Ein junger Mann in Pluderhosen beaufsichtigte die Arbeiten. Zwei alte Matrosen trugen Säcke und Kisten bis zu einer Anlegebrücke, wo ein großer Mann mit auseinandergestemmten Beinen alles in Empfang nahm und irgendwelchen Händen überantwortete, die sich aus dem dunklen Innern der Barke ihm entgegenstreckten. Auf großen Quadersteinen, die einen Winkel des Quais umfaßten, saßen halb liegend fünf Männer und bliesen den Rauch ihrer Pfeifen nach allen Seiten. Von Zeit zu Zeit kam der Mann in Pluderhosen zu ihnen, hielt eine Ansprache und klopfte ihnen auf die Knie. Gewöhnlich wurde hinter einem Stein eine Weinkanne, die dort im Schatten aufbewahrt wurde, hervorgeholt, und ein Glas mit undurchsichtigem roten Wein wanderte von Mann zu Mann."

Drei Jahre später, in der Schreibkammer, die Schwester Ottla in ihrem Häuschen in der Prager Alchimistengasse für den Dichter eingerichtet hat, wird aus der Episode im Hafen von Riva die Erstfassung der Erzählung „Der Jäger Gracchus" hervorgehen. Nicht nur des verschlüsselten Namens der Titelfigur wegen (gracchio ist das italienische, kavka das tschechische Wort für Dohle) gibt sich der Sieben-Seiten-Text als stark autobiographisch geprägt zu erkennen: Auch im Gebaren jenes mysteriösen Ankömmlings, einer eigenwilligen Variante des Fliegenden Holländers, spiegelt sich Kafkas momentaner Seelenzustand. Weder tot noch lebendig, zieht Gracchus mit seiner Barke durch die „irdischen Gewässer", und auch dem Bürgermeister von Riva, der herbeieilt, ihn willkommen zu heißen, kann er keine andere Auskunft geben als diese:

„Ich bin hier, mehr weiß ich nicht, mehr kann ich nicht tun. Mein Kahn ist ohne Steuer, er fährt mit dem Wind, der in den untersten Regionen des Todes bläst."

Aus diesen „untersten Regionen des Todes" holt den Dichter in diesen Tagen ein Erlebnis hervor, das ihn, wiewohl nur in spärlichen Tagebucheintragungen angedeutet (und obendrein verschlüsselt), auf Jahre hinaus beschäftigen wird: Zum zweiten Mal in seinem Leben, acht Jahre nach einer leidenschaftlichen Affäre in dem schlesischen Kurort Zuckmantel, erfährt Kafka die „Süße des Verhältnisses zu einer geliebten Frau". Die Umstände könnten gegensätzlicher nicht sein: Handelt es sich in Zuckmantel um eine Person in fortgeschrittenen Jahren, so in Riva um „ein halbes Kind" …

Kafka hat längst wieder das Sanatorium Hartungen verlassen und ist abgereist, da taucht sie erstmals – und zunächst noch namenlos – in seinem Merkheft auf. Der Dichter zieht Bilanz:

„Der Aufenthalt in Riva hatte für mich eine große Wichtigkeit. Ich verstand zum ersten Mal ein christliches Mädchen und lebte fast ganz in seinem Wirkungskreis. Ich bin unfähig, etwas für die Erinnerung Entscheidendes darüber aufzuschreiben."

Aber das Erlebnis hat ihn viel zu sehr aufgewühlt, als daß es tatsächlich dabei bliebe: Noch Jahre später wird er in mehr oder weniger versteckten Andeutungen darauf zurückkommen.

Jetzt, eine Woche nach ihrem Auseinandergehen, spielt er zum Beispiel mit dem Gedanken, Märchen zu schreiben, „die der W. gefallen könnten". Zum ersten Mal also fällt ihr Name, wenn auch reduziert auf den Anfangsbuchstaben. W – ist es ihr Vorname? Ihr Familienname? Kafka stellt sich vor, sie sei bei Tisch, halte das Manuskript in Händen, verberge es unter der Tischplatte und lese darin während der Essenspausen, bis sie, schreckhaft errötend, gewahre, „daß der Sanatoriumsarzt schon ein Weilchen hinter ihr steht und sie beobachtet".

Im nächsten Absatz wird er deutlicher: „Eine ganze Wegstrekke lang" habe er diesen Abend darüber nachgedacht, um welche Freuden er sich „durch die Bekanntschaft mit der W." gebracht habe. Die Russin, deren Zimmer schräg gegenüber dem seinigen lag – hätte sie ihn nicht vielleicht nachts in ihr Schlafgemach eingelassen?

Nichts dergleichen mit W. Sein „abendlicher Verkehr" mit ihr beschränkt sich darauf, „daß ich in einer Klopfsprache, zu deren endgültiger Besprechung wir niemals kamen, an die Decke meines unter ihrem Zimmer liegenden Zimmers klopfte, ihre Antwort empfing, mich aus dem Fenster beugte, sie grüßte, einmal mich von ihr segnen ließ, einmal nach einem herabgelassenen Bande haschte, stundenlang auf der Fensterbrüstung saß, jeden ihrer Schritte oben hörte, jedes zufällige Klopfen als ein Verständigungszeichen irrigerweise auffaßte, ihren Husten hörte, ihr Singen vor dem Einschlafen".

Das geht so zehn Tage hindurch, dann heißt es voneinander Abschied nehmen. W., die von den beiden wohl die noch Kränkere ist, muß zur weiteren Behandlung ihres Lungenleidens im Sanatorium Hartungen ausharren, Kafka tritt die Rückreise in die Heimat an. Sei es aus gesundheitlichen, aus familiär-religiösen oder auch aus anderen Gründen: Beide wissen, daß es für ihre Beziehung keine Fortsetzung geben kann. Kafka muß Vorkehrungen treffen, daß die allein Zurückbleibende beim Lebewohl nicht vor der gesamten Gesellschaft in Schluchzen ausbricht, und auch ihm selber ist „nicht viel besser" zumute.

Die „Süßigkeit der Trauer und der Liebe" wirkt noch lange in ihm nach. Findet er sich zunächst noch „ganz und gar verwirrt" und erst nach der Ankunft in Prag „vielleicht wieder aufgefangen", so verspürt er noch fast ein Jahrzehnt später die „friedliche Betäubung" jener Tage, und mehr als einmal geschieht es, daß er sich anläßlich neuer Frauenbekanntschaften an W. erinnert fühlt – einmal beim Anblick einer Mitreisenden, die ihm im Zugabteil gegenübersitzt, einmal beim Besuch einer Dame, die mit dem

Kostet in Riva die „Süßigkeit der Trauer und der Liebe“:
Franz Kafka

Prototyp die „Selbstvergessenheit der Erzählung", die „gänzliche Beteiligung in dem kleinen lebendigen Körper", ja sogar die „harte dumpfe Stimme" teilt.

Das Dunkel um die geheimnisvolle Unbekannte hat sich in der Zwischenzeit geringfügig gelichtet: Aus W. ist in den Tagebuchnotizen eine G. W. geworden. Man darf annehmen, daß G. der Vor- und W. der Familienname ist.

Was der Dichter uns sonst über sie wissen läßt, ist mehr als karg: Er nennt sie „die kleine Schweizerin", gibt Genua als ihren Herkunftsort an, beschreibt sie als italienischen Typ. Doch was weiter? Welchen Alters ist sie? Wie lautet ihr voller Name? Wie verläuft ihr weiteres Leben?

Es wird viel gerätselt werden in den nachfolgenden Jahren; schließlich findet sich die Kafka-Forschung damit ab, daß es wohl kaum je gelingen werde, das Mysterium G. W. zu entschleiern.

Kafkas Verschwiegenheit hat gute Gründe: Sie selber hat ihm das Versprechen abgenommen, „nichts über sie zu sagen", und er hält sich so streng daran, daß sie auch mit keinem Sterbenswörtchen in jenen Text eingeht, in welchem er das Riva-Erlebnis aufarbeitet: Während Kafka die Frau, zu der er während seines Sanatoriumsaufenthalts in Zuckmantel in Beziehung getreten ist, in seiner Erzählung „Hochzeitsvorbereitungen auf dem Lande" in der Figur des „ältlichen hübschen Mädchens" Betty verewigt, kommt G. W. im „Jäger Gracchus" nicht mit dem verstecktesten Hinweis vor.

Als längst niemand mehr mit einer Lösung des Rätsels rechnet, taucht – vierundsechzig Jahre nach den Ereignissen von Riva, fünfzig Jahre nach Kafkas Tod – ein Foto auf. Im Zuge der Aufarbeitung jenes Teiles des Nachlasses, der bei Kafkas ältester Schwester, Elli, gelandet ist, stoßen die Nachbesitzer auf ein in Riva angefertigtes Mädchenporträt, dessen handschriftliche Widmung die vom Dichter verwendete Abkürzung G.W. ein für allemal entschlüsselt: Gertrud Wasner. Den Rest besorgt die *Veröffentlichung* des Fotos: Eine in den USA lebende Verwandte des Modells (so berichtet der schleswig-holsteinische Publizist Otto von Fisenne) erkennt in der Abgebildeten ihre Tante und bestätigt gleichzeitig, daß diese, zu jener Zeit ein Mädchen von etwa achtzehn Jahren, im Herbst 1913 zur Behandlung ihres Lungenleidens ein Sanatorium am Gardasee aufgesucht habe. Gertrud Wasner, auch im Bild alles andere als ein südländischer Typ, entstamme einer Lübecker Kaufmannsfamilie mit Südtiroler Elternteil; die in Bozen ansässigen Großeltern mütterlicherseits hätten der Patientin zu einer Kur bei Dr. Hartungen in Riva geraten. Daß Kafka bei seinen Tagebuch- bzw. brieflichen Erwähnungen von G. W. eventuelle Nachforscher auf eine falsche Fährte lockt, indem er aus der Person mit dem norddeutschen Vater und der Südtiroler Mutter eine italienisch aussehende Schweizerin macht, ist somit nichts anderes als eine Übererfüllung des Schweigegelübdes, das sie ihm abgenommen hat.

Jetzt wird auch mit einem Mal klar, was hinter jener Schleswig-Holstein-Reise steckt, die Kafka im Sommer 1914, knapp zehn Monate nach seiner ersten Begegnung mit Gertrud Wasner am Gardasee und genau einen Tag nach seiner neuerlichen Entlobung von der Berlinerin Felice Bauer, Hals über Kopf antritt: Er will versuchen, ein Wiedersehen mit Gertrud Wasner an deren Heimatwohnsitz herbeizuführen, und das ist zu diesem Zeitpunkt nicht die Stadt Lübeck, wo die Wasners das Jahr über ansässig sind, sondern das nahe Ostseebad Gleschendorf, wo sie gerade auf Sommerfrische weilen. Tatsächlich führt Kafka von Lübeck aus, wo er im Hotel Kaiserhof absteigt, ein „telephonisches Gespräch mit Gleschendorf", von dem allerdings nichts weiter bekannt ist als dessen offensichtlich negativer Ausgang: Die geplante Weiterreise nach Gleschendorf unterbleibt, Kafka hängt statt dessen einen Strandaufenthalt in dem dänischen Seebad Marienlyst an.

Ist es Gertrud Wasner, die den Besucher abgewimmelt hat? Oder hat sich's der Dichter selber plötzlich anders überlegt? Rätsel über Rätsel. Fest steht lediglich eines: Auch vom „ziemlich öden" Marienlyst herb enttäuscht, befindet sich Kafka, der vor wenigen Tagen einunddreißig geworden ist, neuerlich in deplorabler Verfassung. Ja, die Verwirrung, die ihn erfaßt hat, ist so groß, daß es ihn, eben noch erklärter Vegetarier, plötzlich nach extensivem Fleischgenuß verlangt – mit der Folge, daß ihm davon übel wird und er „nach schlechten Nächten mit offenem Mund den mißbrauchten und gestraften Körper wie eine fremde Schweinerei in seinem Bett fühlt". Vor allem aber: Gertrud Wasner, die nahe und doch so unendlich ferne, ja ganz und gar unerreichbare Geliebte, geht ihm nicht aus dem Kopf. Als er auf der Rückreise von Dänemark nach Berlin das Coupé mit einer Frau teilt, die ihn stark an sie erinnert, ist dies nach vielen Monaten das erste Mal, daß er sich wieder zu einem Menschen hingezogen fühlt. Ein klarer Fall von Kompensation.

„Die kleine Schweizerin": Gertrud Wasner

Zu einem weiteren Kontakt mit Gertrud Wasner kommt es allem Anschein nach nicht. Unverheiratet bleibend und auch von den Ärzten aufgegeben, stirbt sie mit siebenundzwanzig, zwei Jahre vor Kafka. Ein mit ihrem Namenszug versehenes Erinnerungsfoto, das der Dichter sorgfältig aufbewahrt und das über dessen Nachlaß an die Öffentlichkeit gerät, ist das einzige, was sich von ihr erhalten hat. In Riva, wo Gertrud Wasner und Franz Kafka in flüchtigem Miteinander die „Süßigkeit der Trauer und der Liebe" gekostet haben, hat weder er noch sie Spuren hinterlassen.

Seitdem aus dem Sanatorium Hartungen das Kinderheim Colonia Miralago geworden ist, sind nicht einmal mehr die alten Patientenlisten aufzutreiben. Sowohl Dr. Albino Tonelli, der emsige Chronist der „homöopathischen Landschaft" um Riva, der seinem Forschungsgegenstand nicht nur eine Reihe eindrucksvoller Publikationen, sondern sogar eine eigene Ausstellung im Museo Civico gewidmet hat, wie auch Cristina Fioriolli, die für ihre Dissertation über den „Gardasee und sein Bild in der deutschen Reiseliteratur" die Werke Goethes, Heines, Heyses, Kafkas, ja sogar Stifters (der übrigens nie hiergewesen ist) durchgeackert hat, haben die Suche danach eingestellt.

DIE SILBERHOCHZEIT

Sigmund und Martha Freud

Bei dem Gedanken an die Sommerferien kommt er sich wie Kolumbus vor: „Ich sehne mich – wie er – nach Land."

Die dreimonatige Arbeitspause nützt Freud, um in der Natur neue Kraft zu tanken, und geht sie dem Ende zu, mag er „nicht daran denken, daß der nächste Monatsanfang wieder die schwere Arbeit bringen soll". Zwei Stunden Lektüre pro Tag – das ist das Äußerste, was er sich während des Urlaubs an geistiger Anstrengung zuzumuten bereit ist: „Ich habe eine unerschöpfliche Lust zum Nichtstun."

Immer mit von der Partie: Frau Martha, Schwägerin Minna und die Kinder. In den ersten Jahren entscheidet man sich für den Semmering, für Reichenau oder für Mariazell, später werden es westlichere Ziele, hochalpine – Tirol.

Diesmal, im Sommer 1911, bereitet sich die Familie Freud ihr Nest auf dem Ritten; seit vier Jahren ist der Bozner Hausberg per Zahnradbahn erreichbar. „Der Ort hieß Klobenstein und lag hoch über Bozen, auf halber Höhe des gewaltigen Rittnerhorns, inmitten seiner Wälder" – so wird der Dichter Otto Flake in späteren Jahren dieses Naturparadies schildern, das er so gern zu seinem festen Domizil erkoren hätte, hätten ihm die Mussolini-Faschisten nicht einen Strich durch die Rechnung gemacht. „Es war ein Kirchspiel mit einigen Hotels, wir mieteten eine Wohnung, der Blick von meinem Arbeitszimmer ging auf Latemar und Schlern, in den Dolomiten drüben. Jeden Abend sah ich den Rosengarten glühen, und jeden Vormittag zog ich mit dem Töchterchen auf Entdeckungen aus."

Zwei Gründe sind es, die Sigmund Freuds Aufenthalt in diesem Sommer zu Ferien ganz besonderer Art machen: Der Fünfundfünfzigjährige führt das Material für sein Buch „Totem und Tabu" im Koffer mit, wird also öfter als sonst am Schreibtisch

91

sitzen, und mit Gattin Martha, die er Mitte September 1886 geheiratet hat, gilt es Silberhochzeit zu feiern.

Vorher allerdings muß der Herr Professor noch etwas für seine Gesundheit tun: Freud leidet an einer hartnäckigen Kolitis; Sophie, das zweitjüngste der insgesamt sechs Kinder, begleitet ihn nach Karlsbad zur Kur. Den Kollegen C.G. Jung, dem er gegen Ende der Sommerferien in dessen Haus am Zürchersee einen Kurzbesuch abstatten will, warnt er vor seiner leidensbedingt üblen Laune:

„Wenn ich mich im folgenden noch zu sehr ärgern sollte, so bitte ich meinen ungewohnten Chemismus in Rechnung zu ziehen."

Eine Erfahrung, die schon so mancher andere Kurgast hat machen müssen, bleibt auch ihm nicht erspart:

„Ich habe beschlossen, eine Votivtafel zu den bereits vorhandenen zu stiften, wenn ich alle Beschwerden wieder loswerde, die ich hier akquiriert habe."

Umsonst sind die drei Wochen in Karlsbad dennoch nicht:

„Es hat wirklich den Anschein, als sollte ich noch etwas Profit davontragen."

Während die übrigen Familienmitglieder schon auf dem Ritten Quartier bezogen haben, stößt Freud erst Anfang August zu den Seinen dazu. Sechs Wochen sind für die gemeinsamen Ferien in Klobenstein veranschlagt. Daß er nicht einen einzigen Tag davon zu opfern bereit ist und trotz Jungs Drängen nicht am 14., sondern erst am 15. September in den Schlafwagenzug nach Zürich steigen wird, hat einen triftigen Grund: Der Tag der Silberhochzeit fällt auf den 14., und da ist im Hotel Post zu Klobenstein, wo die Freuds logieren, ein großes Fest angesagt. Schließlich gilt es einen Ehebund zu feiern, den man sich glücklicher kaum vorstellen kann. Wie hat sich die Schriftstellerin Anna Elisabeth Comtesse de Noailles nach einer kurzen Begegnung mit Sigmund Freud über den Herrn Professor geäußert? Auf Grund seiner profunden Erkenntnisse in puncto Libido und Sexualität einen umtriebigen homme à femmes erwartend, sieht sie sich aufs schnödeste enttäuscht und lästert indigniert:

„Was für ein schrecklicher Mann! Ich bin sicher, daß er seiner Frau niemals untreu gewesen ist. Das ist ja geradezu abnormal und skandalös!"

Schauen wir uns diese „Abnormalität" ein wenig genauer an.

„Der Ort hieß Klobenstein und lag hoch über den Bergen."
Im Bild rechts das Hotel Post

Martha Bernays ist knapp einundzwanzig, als sie den fünf Jahre älteren Sigmund Freud kennenlernt. Sproß einer kultivierten jüdischen Familie – Großvater Isaak, mit Heinrich Heine verwandt, war Oberrabbiner von Hamburg –, kommt sie als Kind von acht Jahren nach Wien: Ihr Vater tritt eine Stelle als Sekretär des Wiener Nationalökonomen Lorenz von Stein an. Schlank, blaß und von nicht zu großem Wuchs, ist sie als junges Mädchen nicht gerade das, was man eine attraktive Erscheinung nennt. „Ich weiß wohl, Du bist nicht schön im Sinne der Maler oder Bildhauer", wird Freud eines Tages auf ihre diesbezüglichen Bedenken eingehen, doch sogleich hinzufügen: „Aber vergiß nicht, daß Schönheit nur wenige Jahre anhält und wir ein langes Leben miteinander aushalten sollen. Ist die Glätte und Frische der Jugend weg, dann ist nur mehr *das* Schönheit, wo Güte und Verstand die Züge verklären, und da holt mein Marthchen die anderen ein."

April 1882, Martha und ihre Schwester Minna sind bei der Familie Freud zum Tee eingeladen. Entgegen seiner Gewohnheit, sich bei der Heimkehr vom Dienst, auch wenn Besuch im Haus ist, schnurstracks in sein Studierzimmer zurückzuziehen, mischt sich Freud an diesem Tag leutselig unter die Gäste: Das junge Mädchen, das da, munter plaudernd, einen Apfel schält und zum Munde führt, zieht magisch seine Blicke auf sich, und in den folgenden Wochen schickt er ihr jeden Tag eine rote Rose und dazu seine Visitenkarte mit einem in lateinischer, spanischer, englischer oder deutscher Sprache abgefaßten Sinnspruch.

Bis es zum ersten Vieraugengespräch der beiden kommt, vergeht mehr als ein Monat: Arm in Arm unternehmen sie einen Spaziergang auf den Kahlenberg. Daß sie das Sträußchen aus Eichenblättern, das er seinem „Prinzeßchen" schenken will, zurückweist, wird bei Freud eine lebenslängliche Abneigung gegen Eichen zur Folge haben. Bei einem Praterspaziergang, an dem auch Marthas Mutter teilnimmt, löchert der Sechsundzwanzigjährige seine Angebetete mit Fragen zu ihrer Person, und als man, wieder ein paar Tage später, in einem Garten in Mödling ein Vielliebchen pflückt, das – nach damaliger Sitte – die Finder zu gegenseitigen Geschenken verpflichtet, bäckt Martha einen Kuchen, dessen Begleitbrief sie mit „Martha Bernays" unterzeichnet. Doch bevor sie das Päckchen abschickt, trifft von Freud eine Buchsendung ein: „David Copperfield" von Charles Dickens. Und Martha bedankt sich mit einem Extrakärtchen, das nur noch ihren Vornamen trägt …

13. Juni 1882. Martha ist abermals bei den Freuds zu Gast, diesmal zum Abendessen. Als sie bemerkt, wie er ihre Tischkarte als Souvenir an sich nimmt, drückt sie ihm unter dem Tisch dankbar die Hand, und so faßt Freud nach einigen Tagen den Mut, ihr einen ersten Brief zu schreiben, in dem er seinen zärtlichen Gefühlen freien Lauf läßt: „My sweet darling girl …"

Den Ring, den sie ihm daraufhin zusteckt, kann Freud nur am kleinen Finger tragen: Er ist für ihn zu eng. Damit sie mit ihm gleichzieht, läßt er von dem kostbaren Stück eine entsprechend kleinere Kopie anfertigen, und von diesem 17. Juni 1882 an betrachten sich die beiden als verlobt. So ernst nehmen sie das Datum, daß von nun an der Siebzehnte eines jeden Monats gefeiert werden wird …

Mutter Bernays ist eine Frau von strengen Grundsätzen. Nicht nur, daß sie auf eine möglichst lange Bewährungszeit Wert legt, sollen die Brautleute auch, solange sie nicht miteinander verheiratet sind, getrennt leben: Kurzerhand nimmt sie ihre Tochter mit nach Hamburg. In den vier Jahren, die bis zur Hochzeit verstreichen, verkehren Martha und Sigmund fast nur brieflich miteinander – dies aber so gut wie jeden Tag. Am Ende werden es mehr als neunhundert Liebesbriefe sein, die von Wien nach Hamburg gehen, und tritt einmal eine Pause von zwei oder gar drei Tagen ein, so ist die Hölle los, und dem säumigen Partner werden ausführliche Erklärungen abverlangt. Ein Brief von „nur" vier Seiten gilt als kurz, einmal bringt es Freud auf nicht weniger als zweiundzwanzig engbeschriebene Blätter. Mit „Mein geliebtes Marthchen" beginnen, mit „Gute Nacht, mein Prinzeßchen" enden sie. Und sind allesamt Perlen der Korrespondenzkunst, denen selbst strengste Kritiker höchsten literarischen Rang zubilligen.

Die Hochzeit findet in der Heimat der Braut statt: Der Ziviltrauung im Rathaus zu Wandsbek am 13. September 1886 folgt tags darauf die Zeremonie nach jüdischem Ritus. Auf Wunsch des Bräutigams wählt man für die Hochzeit einen Werktag, an dem nur wenige Freunde frei sind: So kann das Fest im Elternhaus der Braut stattfinden, man kommt mit weniger Pomp aus, Freud kann in Gehrock und Zylinder auftreten statt im hochformellen Frack. Eben noch – bei Manövern in Olmütz – seinen Wehrdienst ableistend und somit knapp bei Kasse, muß ihm die künftige Schwägerin das Fahrgeld für die Reise nach Norddeutschland vorstrecken. Nur beim Geschenk für seine Braut läßt sich Freud nicht lumpen: Es ist eine prachtvolle goldene Uhr.

Was dem Standesbeamten sofort auffällt: Die Braut trägt sich ohne jedes Zögern mit ihrem neuen Namen ins Heiratsregister ein: Die Hochzeitsreise führt das junge Paar nach Lübeck und Travemünde; auf dem Rückweg macht man in Berlin, Dresden und Brünn Station; am 1. Oktober treffen Sigmund und Martha Freud in Wien ein.

Im Jahr darauf kommt das erste Kind zur Welt: Mathilde. Freud ist ein zärtlicher Gatte, der sich beständig – übrigens grundlos – um die Gesundheit seiner Gefährtin sorgt. Gegen ihre notorische Blässe muß sie auf sein Geheiß Eisenpillen einnehmen und Rotwein trinken; am liebsten hat er es, wenn sie von reichlichem Sektgenuß leicht beschwipst ist und im Gesicht hochrot anläuft.

Gebildet und intelligent, ohne daß man sie deswegen eine Intellektuelle nennen könnte, geht Martha Freud ganz in der Führung des Haushalts auf – und das umso mehr, je stärker die Zahl der Kinder anwächst: Auf Mathilde folgen in ein- bzw. zweijährigem Abstand Martin, Oliver, Ernst, Sophie und Anna. Auch im Umgang mit den Hausangestellten ist Martha Freud ein Musterexemplar: Sie bleiben alle unbegrenzt. Um bei delikaten Gesprächen nicht belauscht werden zu können, wechseln die Eheleute zur französischen Sprache über, die beide gut beherrschen.

Der Aufbruch in die Ferien ist Jahr für Jahr ein Spektakel sondergleichen. Zuerst wird die Wohnung „umgerüstet": Damit sich die Motten nicht darüber hermachen, werden die Teppiche zusammengerollt und in petroleumgetränktes Zeitungspapier eingewickelt; damit die Sonne nicht die Tapeten ausbleicht, werden die Fensterscheiben mit Packpapier abgedeckt. Die Polstermöbel sind mit Schonbezügen geschützt, die Türen der Kleiderkästen bleiben geöffnet. Anschließend beginnt das Packen. Die Ferienkleidung liegt schon bereit; nun ist nur noch darauf zu achten, daß keiner der Gegenstände vergessen wird, die Freud auch auf Reisen um sich haben muß: die geliebten Bronzestatuetten, Gipsfiguren und Vasen. Auch der Nachttopf, an dessen Benützung der Herr Professor seit seinen Kindertagen festhält, darf nicht fehlen. Und schon gar nicht das zerschlissene blau-grün karierte Plaid, das er sich so gern über die Knie legt. Wie oft hat Frau Martha die ramponierte Decke schon gegen eine neue – sogar vom gleichen Modell – auswechseln wollen! Aber Freud ist ihr jedesmal dahintergekommen und besteht wie ein trotziges Kind auf dem uralten Stück, obwohl es von der herabfallenden Zigarrenasche durchlöchert und schon x-fach gestopft ist.

Die Bücher und Schriften, deren Lektüre sich Freud für den Urlaub vorgenommen hat, werden um den neuesten Thomas Mann ergänzt: Er ist Marthas Lieblingsautor. Dann werden die Fahrkarten besorgt: Für Freud muß es ein Fensterplatz im vordersten Waggon der ersten Klasse sein, in Fahrtrichtung und natürlich auf der Seite mit der schönsten Aussicht.

Auch die Wahl des Ferienortes bedarf sorgfältiger Planung. Schon Monate vorher, mitunter bereits im Jänner, wird im Familien- und Bekanntenkreis über die reizvollsten Ziele diskutiert, und manchmal unternimmt der Herr Professor zu Ostern sogar eine Erkundungsfahrt, um das in Aussicht genommene Logis zu testen. Frau Martha scheidet für solche Unternehmungen aus: Sie macht sich nichts aus Reisen. Von einem Hotel ins andere umzuziehen ist ihr ebenso lästig, wie sich mit fremden Idiomen herumschlagen zu müssen, Museumsbesuche ermüden sie ebenso wie lange Wanderungen, und so hat man sich darauf geeinigt, den

diesbezüglich extrem unternehmungslustigen Freud in Beglei-
tung eines seiner Brüder schon im Winter für vierzehn Tage auf
Bildungsreise nach Italien oder Griechenland fahren zu lassen.
Die Verbindung mit Frau und Kindern bleibt aufrecht, indem der
Herr Professor von unterwegs tagtäglich Berichte nach Wien
schickt: Korrespondenzkarten, Briefe, Telegramme.

Umso mehr genießt er es, während der Sommerferien die komplette Familie um sich zu haben: Im Tiroleranzug mit Hosenträgern,
kurzen Hosen und Gamsbarthut, mit dem kräftigen Wanderstock
und – bei Schlechtwetter – der weiten Lodenpelerine auf Bergwanderung zu gehen, ist für ihn das größte aller Vergnügen. Den Kindern, für die er eigens die Naturzeitschrift „Kosmos" abonniert hat,
zeigt er nun an Ort und Stelle die seltensten Wildpflanzen; Waldbeeren, die man unterwegs brockt, bereichern den Mittagstisch.
Besonders in Fahrt gerät er beim Schwammerlsuchen – eine Zeremonie mit festen Spielregeln, bei der jedem der Teilnehmer eine
eigene Rolle zugewiesen ist: Freud selber geht voraus, wirft, sobald
er ein ansehnliches Exemplar gesichtet hat, seinen Hut über den
Fund und gibt mit der in der Westentasche verstauten Silberpfeife
ein schrilles Signal, woraufhin sein Gefolge an die Fundstelle zu
eilen und die „Beute" wortreich zu bewundern hat. Auch Wettbe-
werbe werden veranstaltet: Für das beste Exemplar sind zwanzig,
für das zweitbeste zehn Heller Belohnung ausgesetzt. Die Pilze, die
es anderntags bei den Freuds zu essen gibt, stammen allerdings
nicht von solchen Pirschgängen: Frau Martha, von der Kenner-
schaft ihres Mannes weniger überzeugt als von seiner Spürnase,
deckt sich für den Küchenbedarf doch lieber auf dem Markt ein.

Auch Orientierungssinn zählt nicht zu Freuds Stärken: Würden ihn bei den gemeinsamen Wanderungen nicht die Kinder laufend „korrigieren", schlüge er ein ums andere Mal die falsche
Richtung ein. Macht er sich ohne Begleitung auf den Weg, so ist
die Familie in Sorge, ob er zurückfinden wird. Nie kommt er mit
leeren Händen, und halten sich die Seinen zu dieser Zeit an anderem Ort auf oder daheim in Wien, schickt er ihnen Proben der am
Wegesrand gepflückten Blumen per Post. Damit es diesbezüglich
keine Pannen gibt und vor allem die für ihn bestimmte Gegenpost
sicher ihr Ziel erreicht, zählt es zu seinen ersten Unternehmungen
nach der Ankunft, mit dem örtlichen Briefträger entsprechende
Arrangements zu treffen: Auch im entlegensten Alpendorf will er
für seine Familie stets erreichbar sein.

Bei Schlechtwetter bleibt man im Haus: Freud hat eine erklärte Aversion gegen Schirme, die seiner Ansicht nach zu nichts anderem gut seien, als den Stock trockenzuhalten. An solchen Tagen gibt man sich dem Kegelspiel hin, vergnügt sich mit einer Partie Tarot oder liest. Handelt es sich um eine anstrengende Lektüre, so hilft Freud mit einer winzigen Prise Kokain nach und zündet sich seine Zigarre an. Frau Martha, die nach ihren sechs Geburten ein wenig in die Breite gegangen ist, inzwischen ganz in ihrer Haushaltsarbeit aufgeht und auch mit den ewig kränkelnden Kindern so manche Sorge am Hals hat, greift zu schlichteren Beruhigungsmitteln:

Sie nippt an ihrem Sekt.

Jetzt, zur Feier der Silberhochzeit, wird Exquisiteres aufgeboten: französischer Champagner. Das Hotel Post in Klobenstein will an diesem 14. September 1911 zeigen, was es kann. In der Veranda, die für die vollzählig versammelte Familie Freud – das Jubelpaar, Schwägerin Minna und die sechs Kinder – reserviert bleibt, ist zum Festmahl gedeckt: feinstes Tafelgeschirr, schweres Silberbesteck, raffiniert gefaltete Damastservietten, Obstkorb und Blumenarrangement, die handgeschriebene Menükarte, selbstverständlich auf Französisch. Gemüsesuppe, Wassermelone sowie Schill in Aspik als hors d'œuvre, dann Filetspitzen mit allerlei Beilagen, hernach eine hochgetürmte Torte, dazu das Beste aus dem Weinkeller, zum Abschluß Mokka und hausgemachtes Konfekt.

In der ihm eigenen Pedanterie überwacht Freud persönlich den korrekten Ablauf der Festivität. Wenn er in seinem Trinkspruch die Familie mit starken Atlanten und zarten Karyatiden vergleicht, die einander in vorbildlicher Weise stützten, überkommt den Fünfundfünfzigjährigen leichte Rührung; Martin, mit zweiundzwanzig der älteste der Söhne, erhält Applaus für das von ihm deklamierte Hochzeitsgedicht. Alle sind dem Anlaß entsprechend herausgeputzt, die Söhne tragen eine weiße Nelke im Knopfloch, die türkischen Stickereien auf Sophies Festrobe ernten Sonderlob. Der Photograph drückt zweimal auf den Auslöser: zuerst die gesamte Runde, dann das Jubelpaar allein.

Hat Freud schon einige Tage vor dem Festdatum an den Kollegen C. G. Jung in die Schweiz berichtet, wie „göttlich schön und behaglich" es auf dem Ritten ist, so meint es der Wettergott an

„Starke Atlanten und zarte Karyatiden":
Die Familie Freud an der Silberhochzeitstafel

diesem 14. September besonders gut mit den Gästen: Keiner der
für den Nachmittag im Freien vorgesehenen Programmpunkte
fällt aus – weder das Picknick am Mitterstiller See noch das Wett-
angeln am Lengmooser Weiher, für dessen Gelingen Frau Martha
in aller Heimlichkeit einen Eimer Karpfen bereithält.

Selbstverständlich logiert man in den besten Zimmern des
Hotels Post – mit Ausblick auf Rosengarten und Schlern. Und
beim abendlichen Ball knallen die Champagnerpfropfen, daß es
der Frau Professor das Blut in die Wangen treibt, wie es der Herr
Gemahl so gern hat. Sie kann heute ruhig ein wenig über die
Stränge schlagen: Die morgige Reise in die Schweiz tritt Freud
allein an. „Meiner Frau tut es besonders leid, daß sie nicht mit-
kommen soll," schreibt er nach Küsnacht , „aber die Anforderun-
gen der Jahreszeit, des Hauses und ihr eigenes schlechtes Reisen
haben bei ihr doch den Ausschlag gegeben." C. G. Jung holt den
neunzehn Jahre Älteren am frühen Morgen des 16. September in
Zürich vom Bahnhof ab und beherbergt ihn drei Tage in seinem
Haus in Küsnacht; anschließend reist man gemeinsam zum 3. In-

99

ternationalen Psychoanalytikerkongreß nach Weimar, wo Jung zum Thema Symbolik referieren wird, während Freud sich mit einem „Nachtrag" zur sogenannten Schreber-Analyse begnügt.

Im Hotel Post zu Klobenstein kehrt wieder der Alltag ein, an den prominenten Besuch aus Wien wird später nur noch die Eintragung im Gästebuch erinnern. Und die heutigen Besitzer der Rittner Nobelherberge (jetziger Name: Hotel Bemelmans)? Sie sind, was das Herzeigen von Freud-Memorabilien betrifft, vorsichtig geworden: Die sammelwütigen Fans bilden eine zu große Gefahr. Wer heute auf dem Ritten nach Freud-Spuren forscht, muß sich also mit einem Blick in die Veranda zufriedengeben, in der allerdings – von der Mäandertapete bis zum Geschirrschrank – alles noch genau so ist wie damals im September des Jahres 1911, als man hier zur Feier der Silberhochzeit an der festlich gedeckten Tafel saß.

Und wer es gern schwarz auf weiß hat, halte sich an die zweisprachige Gedenktafel am Hoteleingang sowie an den Schaukasten im Vestibül, der die Erinnerung an eine „Freudiade" aus neuerer Zeit wachhält: Im November 1993 fand in Klobenstein – in Anspielung auf das hier entstandene Werk „Totem und Tabu" – der Kongreß „Psychoanalyse und Religion" statt.

Auf dem Ritten ist also weder der Privatmann noch der Autor Sigmund Freud vergessen.

Andreas Hofer und Anna Ladurner

„Auf der Bank beim Ofen saß ein altes Mütterchen mit einer spitzen Wollhaube auf dem Kopf, die spann und dabei aus einer kleinen Pfeife Tabak rauchte. Sie sprach selber gar nichts, war in sich gekehrt und achtete auch nicht auf mich, als ich versuchte, mit ihr ein Gespräch anzuknüpfen."

Anna Ladurner, die Witwe Andreas Hofers.

Dem Maler Friedrich Wasmann, der ihr in ihren letzten Lebensjahren auf dem Sandhof im Passeier seine Aufwartung macht, gelingt es nicht, ihr auch nur ein einziges Wort zu entlocken: Wie versteinert sitzt sie da, geht ihrem Tagwerk nach, nimmt den Besucher kaum wahr. Ob sie nicht einmal reagiert, wenn er seine Malsachen auspackt, die vorbereitete Holzplatte auf der Staffelei zurechtrückt und den Pinsel in den Farbtopf taucht?

So betrachtet, ist Anna Ladurner das ideale Modell: Sie rührt sich nicht vom Fleck, verharrt bewegungslos in der einmal eingenommenen Pose, läßt apathisch den Künstler gewähren. Und genau so porträtiert er sie auch, dieser Friedrich Wasmann: Steif in ihr grobes schwarzes Kleid gezwängt, dessen Strenge nur durch den weißen Kragen, die weißen Ärmelaufschläge und die hell schimmernde Knopfleiste gemildert ist. Die nach oben spitz sich verjüngende Fatzlhaube tief ins Gesicht gezogen, dieses selbst starr und ausdruckslos. Nur in den aufeinandergepreßten schmalen Lippen drücken sich Stolz und Verletztheit aus, die aber wohl längst in Abwehr und Resignation übergegangen sind. Hier hat ein Mensch mit seinem Leben abgeschlossen, das nichts als Mühsal und Enttäuschung gekannt hat.

„Nur selten", wird Meister Wasmann nachher in sein Tagebuch eintragen, „soll sie sich jemandem eröffnet haben, denn ihr Herz war vom Leid der Vergangenheit niedergedrückt. Sie hatte nur Trauer und Klage."

Über ein halbes Jahrhundert später, genau vierundfünfzig Jahre nach ihrem Tod, wird ein anderer Künstler aus dem Land Tirol, der Historienmaler Karl Ritter von Blaas, diese Anna Ladurner porträtieren: Es ist jenes melodramatische Genrebild von Andreas Hofers Gefangennahme, dessen Reproduktion noch heute in so mancher Tiroler Gaststube hängt. Es ist ein Produkt der Phantasie, in seiner düsteren Romantik nicht frei von Kitsch, bei aller Farbigkeit der Details lupenreines Schwarzweiß: Andreas Hofer, noch in der Stunde der tiefsten Erniedrigung ganz der kraftstrotzende Held von einst, der an die Mutter gefesselte kleine Sohn, der dem Vater zu Hilfe eilen will, die auf dem Boden kniende Frau mit der madonnenhaften Leidensmiene, haßerfüllt und grimmig die Männer der feindlichen Soldateska, die ihre Opfer abführen. Ein früher Hauch von Hollywood liegt über der gespenstischen Szene vor der tiefverschneiten Blockhütte auf der Pfandleralm, wo in der Nacht vom 27. zum 28. Jänner 1810 der vorletzte Akt im Leben des Südtiroler Freiheitskämpfers abrollt.

Welch ein Unterschied zwischen den beiden Bildern!

Anna Ladurner, gut zwei Jahre älter als ihr Mann, ist fünfundvierzig, als sie – mit der Hinrichtung Andreas Hofers an der Porta Ceresa zu Mantua – Witwe wird. Was sie zu dieser Zeit an Plackerei, an Existenzkampf und an Todesangst hinter sich hat, teilt sich dem Betrachter des Phantasiebildes von Karl Ritter von Blass nicht einmal andeutungsweise mit: Er macht aus der verhärmten Matrone eine dralle Dirn. Das lebfrisch-tumbe Frauerl, dem man in der Blüte der Jahre den Mann entreißt. Eine Legendengestalt, die nichts mit der Wirklichkeit zu tun hat.

Wie aber sieht diese Wirklichkeit aus?

1789. Andreas Niko aus Hofer, Sohn des Sandwirts vom Passeier und seit fünfzehn Jahren Vollwaise, ist einundzwanzig, als er den väterlichen Besitz übernehmen soll. Stiefmutter und Schwager haben das stattliche Anwesen auf halber Strecke zwischen Sterzing und Meran, zu dem außer Landwirtschaft und Pferdewechsel für die den Jaufenpaß überquerenden Reisenden ein vormals renommierter Einkehrgasthof gehört, total heruntergewirtschaftet. Es wird nicht leicht sein, den verrotteten Betrieb wieder flottzumachen, der neue Besitzer muß sich etwas einfallen lassen. Wie wär's, wenn er es neben der Bewirtschaftung des Hofes und der Führung des Gasthauses mit Wein-, Schnaps- und Pferdehandel versuchte? Andreas Hofer hätte das Zeug dazu: Er ist ein Kraftkerl sondergleichen, hat sich außerdem schon in seinen frühen Wanderjahren als gesellige Natur erwiesen, die mit den Bauern der Gegend umzugehen weiß, auch vom Geschäftemachen versteht er etwas, und trinkfest ist er obendrein. Aber mit seinem Gesinde allein ist nicht zu schaffen, was er sich vorgenommen hat: Eine Frau muß ins Haus.

Hofer kommt viel herum. Einer seiner Handelsfreunde ist der Matthias Ladurner auf dem Plonerhof in Algund. Die Ladurner sind eines der angesehensten Bauerngeschlechter des mittleren Etschtals, ihr Familienwappen bürgt für Wohlstand und Solidität. Wenn Andreas Hofer bei ihnen einkehrt, um auf dem Plonerhof wieder einmal einen Viehhandel abzuschließen, trägt Matthias Ladurners Schwester Anna die „Marende" auf: Speck, Brot und Wein.

Anna, noch ledig, ist eine anstellige Person, gut zwei Jahre älter als er selbst, hat also auch nicht mehr solche Flausen im Kopf wie manches andere Dirndl: Das ist genau die Frau, an deren Seite er packen könnte, was er sich in den Kopf gesetzt hat.

Am 21. Juli 1789 wird geheiratet, mit dem Sandhof geht's binnen kurzem bergauf. Doch auch Rückschläge bleiben nicht aus: Das erste Kind, das Anna zur Welt bringt, wird nur ein paar Tage alt. Man beeilt sich mit der Taufe des Schwächlings – umsonst. Anna kann von Glück sagen, daß es nicht auch sie selber erwischt: Das Kindbettfieber ist eine der Geißeln der Zeit. Erst im fünften Jahr ihrer Ehe kommt aufs neue Nachwuchs: Sohn Johann. Sechs Geschwister werden ihm folgen, alles Mädchen. Vier davon bleiben am Leben.

Schon in dieser Glücksphase der Hofer-Ehe muß sich die Sandwirtin an einen Zustand gewöhnen, den die künftigen Biographen mit dem Schicksal der „grünen Witwen" und Politikergattinnen späterer Zeiten vergleichen werden: Von den Passeier Bauern schon mit vierundzwanzig als Abgeordneter in den Innsbrucker Landtag delegiert, ist der junge Ehemann nun nicht nur in Sachen Wein- und Viehhandel laufend unterwegs, sondern auch als angehender Politiker immer wieder für kürzere oder längere Zeit von daheim abwesend, und das bedeutet für seine Frau, daß sie nicht bloß eine lebhafte Kinderschar am Schürzenzipfel hängen hat, sondern auch hinter dem Schanktisch des Gasthofs stehen, die Knechte und Mägde bei der Hofarbeit dirigieren, die Vermietung der Saumpferde unter Kontrolle halten muß.

Andreas Hofer, zunehmend Geschmack daran findend, den schneidigen Schützenhauptmann, den von seinen Landsleuten vergötterten Volksvertreter und schon bald auch den heroischen Rebellen gegen die bedrohlich näher rückenden Truppen Napoleons zu spielen, fragt nicht viel, ob seine Gesponsin mit alledem nicht heillos überfordert ist. Und auch ihr selber kommt es nicht in den Sinn, gegen das Übermaß an Belastung, das er ihr zumutet, aufzubegehren. Sie ist das ihm angetraute Weib, und das heißt zu dieser Zeit: Sie hat sich zu fügen.

Kann es jemanden wundern, wenn es auf dem Sandhof aufs neue zu kriseln beginnt? Da sind die Studenten und die Geistlichen, die, arm an Mitteln, ihre Zeche „anschreiben" lassen, wenn man sie ihnen nicht überhaupt aus Wohltätigkeit erlassen muß. Erst recht wird dies – später – für die durchziehenden Flüchtlinge, die Verwundeten- und Gefangenentransporte gelten, die die Dienste der Raststation zwischen St. Leonhard und St. Martin in Anspruch nehmen. Da sind ferner die zechfreudigen Soldaten: rauhe Gesellen, die gern aufs Zahlen „vergessen". Und da sind schließlich die unverschämten Herren Offiziere, für die es eine Selbstverständlichkeit zu sein scheint, sich die besten Pferde aus dem Stall zu holen und einfach einen Schuldzettel auszustellen – mit verwischter Stampiglie und unleserlicher Unterschrift. Ganz zu schweigen von den Plünderern, die, wenn einmal der Kampf ringsum tobt, sich die allgemeine Unsicherheit zunutze machen. Wie soll Anna Hofer da, schutzlos und ganz auf sich allein gestellt, Gewinne erwirtschaften oder auch nur das mühsam Erworbene zusammenhalten?

Nein, es ist nicht leicht, mit einem Helden verheiratet zu sein. Und gar, wenn es dem auch noch einfällt, die besten Knechte vom Hof abzuziehen, weil er sie für seine Truppe braucht.

Kehrt er für kurze Zeit wieder einmal zu seiner Familie zurück, so ist Andreas Hofer von seinen politischen Tagesgeschäften erschöpft. Da wird wenig Kraft und Zeit bleiben, sich um den gefährdeten Besitz zu kümmern, sich Frau und Kindern zuzuwenden. Zudem mehr und mehr dem Branntwein verfallend, muß er zuerst einmal seine Räusche ausschlafen, Kraft schöpfen für das, was an neuen Herausforderungen auf ihn zukommt. Da reicht es gerade noch zum ehelichen Beischlaf, zu neuerlicher Schwängerung. Und – nicht zu vergessen! – zu gemeinsamem Bittgebet: Andreas Hofer, das Muttergottesamulett um den Hals, einen

Eine stattliche Erscheinung:
Andreas Hofer in glücklicheren Tagen

Kranz von Heiligenbildchen am Hut und den geweihten Rosenkranz in der Hand, ist ein gottesfürchtiger Mann.

Es kommen die kurzen Tage des Glanzes, des Triumphs: Der Oberkommandant des befreiten Tirol hält nach der dritten Schlacht am Berg Isel in der Landesmetropole Einzug. Vom 15. August bis zum 21. Oktober 1809 nimmt er in der Innsbrucker Hofburg den Thronsessel ein, den schon ein Kaiser Franz Stephan, eine Maria Theresia und ein Joseph II. benützt haben.

Ist seine Frau wenigstens jetzt an seiner Seite? Darf sie an dem Triumph teilhaben, sich an dem Prunk der kaiserlichen Gemächer weiden, als Landesmutter die Huldigungen ihres Volkes entgegennehmen?

Keine Rede davon, ihr Platz bleibt auch jetzt der Sandhof, sie muß die Wirtschaft weiterführen, und vielleicht ist es ihr, die nichts anderes kennt, sogar recht. Es genügt ihr, zu wissen, daß die Ausschweifungen in der Hofburg, von denen ihr berichtet wird, auf Trinkgelage mit den Kampfgenossen ihres Mannes beschränkt bleiben, daß keine liederlichen Weiberleut mit im Spiel sind. Ist nicht eines der ersten Dekrete, die er erläßt, gegen „die Frauenzimmer von allerhand Gattungen" gerichtet, die, „zum Mißfallen Gottes und aller christlich Denkenden", „ihre Brust und ihr Armfleisch zu wenig oder mit durchsichtigen Hadern bedecken und also zu sündhaften Reizungen Anlaß geben"?

Ja, der fromme Biedermann aus dem Passeiertal geht noch weiter: Sogar das Tragen von Locken stellt er unter Strafe! Die Männer seiner Leibwache ziehen aus, allen zuwiderhandelnden Subjekten, deren sie habhaft werden, eigenhändig den Kopfschmuck abzuschneiden, und die rauhen Burschen gehen dabei alles andere als sanft zu Werke. Die vier Ehebrecher – Bauer, Bäuerin, Magd und Knecht –, die man ihm eines Tages vorführt, urteilt Andreas Hofer höchstpersönlich ab und vermutlich wirkungsvoller, als es irgendein Richter vermöchte: indem er sie im wahrsten Sinne des Wortes zur Sau macht. „Schamt's enk, ös Facken!" brüllt er sie nieder, und Facken – so nennt der Tiroler das Borstenvieh im Stall.

Nein, in diesem Punkt ist absolut Verlaß auf ihn: Mag er auch ein noch so rücksichtsloser Familientyrann sein, die eheliche Treue ist diesem Andreas Hofer heilig, da kann seine Anna, so sehr sie sonst unter ihm zu leiden hat, vollkommen beruhigt sein.

Seit dem Frieden von Preßburg, Dezember 1805, ist Tirol von Österreich abgetrennt und wird Bayern zugeschlagen. Jeglicher Handel mit dem Mutterland ist eingestellt, die Währung abgewertet, die Steuer kräftig erhöht, die Tiroler dürfen sich nicht mehr Tiroler nennen, die Volksseele kocht. Drei Jahre geht das so, dann endlich reist Andreas Hofer nach Wien, um sich von Erzherzog Johann die Ermächtigung zur bewaffneten Revolte zu holen.

Anfang April 1809 ist es soweit. Als Zeichen zum Aufbruch ist eine riesige Ladung Holzspäne vereinbart, die vom Passerfluß aus in die Etsch treiben und so den anderen Tälern avisieren soll, daß die Stunde der Befreiung gekommen ist.

Stimmt die Legende, so ist Anna Hofer diejenige, die auf Weisung ihres Mannes die ersten Späne in die Fluten wirft. Haben nicht auch schon bei den Gefechten mit den im April 1797 bei dem oberhalb von Brixen gelegenen Dorf Spinges eingedrungenen Franzosen Frauen eine Rolle gespielt? Andreas Hofer wird seiner Anna gewiß jene heldenhafte Magd Katharina Lanz als leuchtendes Vorbild vor Augen geführt haben, die damals mit gezückter Heugabel gegen die Angreifer vorging. Und Anna Hofer wird seine Botschaft verstanden haben: Wenn Not am Mann ist, erwarte ich auch von dir bedingungslose Gefolgschaft.

Es gibt für sie also auch kein Zögern, als Anna Hofer gemeinsam mit ihrem Mann die Flucht antritt, wenn im November 1809 endgültig die Sache für ihn verloren und eine Ergreiferprämie von 1500 Gulden auf seinen Kopf ausgesetzt ist. Ihr erster Unterschlupf ist auf der sogenannten Kellerlahn, dann wechselt die Gruppe, bestehend aus Andreas Hofer, seinem Adjutanten Kajetan Sweth, seiner Frau Anna und Sohn Johann, auf den nahen Prantacherhof.

Aber auch dort sind sie nicht sicher, und so entschließt man sich zur Trennung: Andreas Hofer schickt die Seinen in ein entlegenes Versteck auf dem Schneeberg; er selber richtet sich in einer den langen Winter über unbewirtschafteten Sennhütte auf der Pfandleralm ein.

In steter Angst vor Entdeckung – eine französische Patrouille hat die Flüchtigen nur knapp verfehlt – verlassen Frau und Kind nach knapp zwei Wochen ihren Unterschlupf und folgen Andreas Hofer auf die Pfandleralm. Das macht die dortige Situation freilich noch gefährlicher: Um seine Familie vor Hunger und Kälte zu schützen, muß aus dem Tal vermehrter Proviant herangeschafft und die Hütte stärker geheizt werden. Die Folgen: Rauchwolken am Himmel, verräterische Fußspuren im Schnee. Weihnachten und Silvester verbringt man noch mit gemeinsamem Gebet, dann ist es endgültig aus: In der Nacht vom 27. auf den 28. Jänner 1810 erreicht ein von den Franzosen befehligter Spähtrupp von rund hundert, mehrheitlich italienischen Soldaten, angeführt von dem Verräter Franz Raffl, die Hütte auf der Pfandleralm. Mit Stricken gefesselt, werden die Gefangenen bei bitterster Kälte ins Tal abgeführt. Auch Anna Hofer und Sohn Johann, letzterer barfuß, bleibt die barbarische Tortur nicht erspart. Erst in St. Martin werden warme Kleidung und Schuhwerk für sie herangeschafft. Zu spät: Dem fünf Jahre alten Buben sind die Füße erfroren, er muß in Meran ins Spital eingeliefert werden.

Andreas Hofer wird zum Verhör nach Bozen gebracht – er sieht die Seinen nicht wieder. Als er drei Wochen darauf, nach Mantua überstellt, unter der Gewehrsalve des Hinrichtungskommandos sein Leben aushaucht, ist Anna Hofer längst wieder an ihrem angestammten Platz: auf dem inzwischen von Plünderern heimgesuchten, völlig heruntergekommenen Sandhof.

Was soll nun aus ihr und den Kindern werden? Es fehlt an allem: keine Nahrung, keine Barmittel. Die Wirtschaft wirft in diesem Zustand so gut wie nichts ab, das Gesinde ist auf und davon. Anna Hofer entschließt sich, den Kaiser um Hilfe anzurufen, macht sich im Sommer 1810, begleitet von dem Südtiroler Schützenmajor Josef Valentin von Morandell, auf den Weg nach Wien.

Am Abend des 22. Juli trifft die Fünfundvierzigjährige, ausgestattet mit einem Bozner Paß, in der Hauptstadt ein; unter ihrem Mädchennamen Anna Ladurner findet sie bei einem in Wien ansässigen Landsmann in der Josefstadt Unterschlupf.

Der Polizeiapparat läuft auf Hochtouren: Mit Rücksicht auf die in Wien amtierenden Gesandtschaften Bayerns und Frankreichs will man die lästige Besucherin, die in ihrer Tiroler Tracht Aufsehen erregen und peinliche diplomatische Verwicklungen auslösen könnte, so rasch wie möglich wieder loswerden. Freiherr von Haager, der Vizepräsident der Polizeihofstelle, auf dessen Schreibtisch das Ansuchen der Witwe landet, nach ärztlicher Behandlung ihrer schadhaften Füße vom Kaiser empfangen zu werden, trifft die nötigen Vorkehrungen, daß Anna Hofers Anwesenheit in Österreich nicht publik wird. Am 27. Juli findet die

„Ein starkmütig Weib": Anna Ladurner, des Sandwirts Frau

Audienz statt in Baden, wo Kaiser Franz sich gerade zur Sommerfrische aufhält.

Um den Behörden den Umgang mit ihr zu erleichtern, gibt Anna Hofer einen Besuch bei ihrer im Brünner Ursulinenkloster lebenden Schwester Marie als Reisegrund an, und so zieht sich Seine Majestät bequem aus der Affäre, indem sie dieses harmlose Vorhaben halbherzig unterstützt. Eigenhändig schreibt der Kaiser in den Akt:

„Dient zur Wissenschaft und werden Sie die Hofer, wenn ihr an den erforderlichen Geldmitteln zur Hin- und Herreise nach Brünn gebricht, damit unterstützen und den mir hinauf ausgelegten Betrag anzeigen."

Am 12. August besteigt Anna Hofer die Landkutsche, trifft anderntags mit einem Paß der Wiener Polizeioberdirektion in Brünn ein, verbringt die folgende Nacht in der Klosterzelle ihrer Schwester und kehrt wenig später nach Wien zurück, nachdem über Geheimabsprache mit den Brünner Behörden sichergestellt ist, daß die Besucherin in ihrem auffälligen „Tiroler Anzug" auch dort keinerlei Aufsehen erregt.

Dem Freiherrn von Haager obliegt es, den lästigen Gast, nun also wieder in Wien, um jeden Preis ruhigzustellen: 250 Gulden werden für sie lockergemacht. Kaiser Franz, davon in Kenntnis gesetzt, erteilt nachträglich seine Zustimmung:

„Der Witwe Hofer ist zu bedeuten, vor ihrer Abreise nach Hause bei mir zu erscheinen, und folgen in der Anlage 250 Gulden zum Ersatz der in Frage stehenden aus den Polizei-Verlags-Geldern gemachten Auslagen."

Doch die versprochene zweite Audienz läßt auf sich warten, Freiherr von Haager wird nervös. Er agiert sodann in zwei Richtungen: Der Witwe läßt er über einen seiner Beamten in Erinnerung rufen, daß sie dazu angehalten sei, für die Dauer ihres Aufenthalts in Wien „ein stilles und eingezogenes Leben" zu führen, mit niemandem „an öffentlichen Orten" über ihr Schicksal zu sprechen und sich von jeder „Versammlung Neugieriger, die ihre Tracht anziehe", fernzuhalten, und den Kaiser drängt er zur Einlösung seines Versprechens, indem er ihn davon unterrichtet, der Hoferin habe sich, in quälender Ungewißheit über ihr und ihrer Kinder Schicksal, eine gewisse „Düsternis" bemächtigt.

Am 2. September empfängt Seine Majestät die Anna Hofer ein zweites Mal. In den Akten findet sich darüber keinerlei Eintrag, doch sickert durch, daß die Bittstellerin durch knappe Antworten auffällt und sich auch bei Hof auf „keine Erzählungen" einläßt. Die Bewilligung, aus dem zu dieser Zeit unter bayerischer Verwaltung stehenden Tirol in „die österreichischen Staaten" auszuwandern und ein dort zur Verfügung gestelltes Gut im Wert von 40.000 Gulden zu bewirtschaften, schlägt sie aus: Anna Hofer hängt viel zu sehr an ihrer Heimat. Also findet man sie mit „2000 Gulden in Bankozetteln und 800 Gulden in schwerer Münze" ab und stellt ihr ein Adelsdiplom in Aussicht.

Hofkanzlei und Polizeioberdirektion atmen auf, als Anna Hofer am 7. September via Klagenfurt die Heimreise nach Tirol antritt. Erst neun Jahre später – Tirol ist inzwischen längst wieder österreichisch – tritt jene Lösung in Kraft, die die Hofer-Witwe ein für allemal von ihren finanziellen Sorgen befreit; der amtliche „Bote für und von Tirol und Vorarlberg" verlautbart am 24. Mai 1819:

„Seiner k.k. Majestät, Allerhöchst dessen Vorsorge sich über alle Unglücklichen verteilt, hat auch der Familie des vormaligen Sandwirts von Passeier, Andreas Hofer, Allergnädigst gedacht und durch Allerhöchste Entschließung der Witwe eine jährliche Pension von 500 Gulden, jeder ihrer vier Töchter eine Unterstützung von jährlich 200 Gulden, die sich im Falle einer Verehelichung in 500 Gulden als Ausstattung enden, bestimmt und zugleich Befehl erteilt, für den Sohn Johann Hofer eine Wirtschaft zu erkaufen."

Die Hände legt „die wohledle Witwe Ladurnerin verehelichte Edle von Hofer", wie sie sich nunmehr nennen darf, freilich auch als alte Frau nicht in den Schoß: Ein von ihr unterfertigter Preiszettel aus dem Jahr 1834 bezeugt, daß sie auch weiterhin im Wirtsgeschäft tätig ist. Mit ihrem zuerst in Wien, später in Fischamend als Gastwirt wirkenden Sohn Johann steht sie im Briefwechsel; alle vier Töchter sterben vor ihr, zuletzt Anneli, die eigens auf den Sandhof zurückgekehrt ist, um die alte Mutter zu pflegen. „Entkräftung" nennt das Sterbebuch als Todesursache der Einundsiebzigjährigen.

Das Passeiertal hat sie in den beinah siebenundzwanzig Jahren, die sie ihren Mann überlebt, kaum jemals verlassen; nicht einmal der Umbettung seiner Gebeine – im Februar 1823 werden Andreas Hofers sterbliche Überreste von Tiroler Kaiserjägeroffizieren feierlich nach Innsbruck transferiert und in der dortigen

Hofkirche beigesetzt – wohnt sie bei. Ist die Kränklichkeit, die sie vorschützt, wirklich der Grund ihres Fernbleibens, oder scheut sie – wie schon zu ihres Mannes Lebzeiten – den öffentlichen Auftritt?

Auch für ihr eigenes Grab auf dem Friedhof von St. Leonhard sieht ihr Letzter Wille kein besonderes Kennzeichen vor. Erst 1890 wird es mit einem schmiedeeisernen Kreuz versehen, dem 1909, zur Jahrhundertfeier des Freiheitskampfes vom Land Tirol gestiftet, eine würdige steinerne Anlage folgt:

„Hier ruhet in Gott die Sandwirtin Anna Ladurner, Andreas Hofers Weib."

Und darunter der dunkelsinnige, von dem Tiroler Dichter Bruder Willram verfaßte Grabspruch:

„Ein starkmütig Weib, wer findet es? Ihr Wert ist Dingen gleich, die weither aus fernsten Fernen stammen."

Spärlich sind die Hinweise auf das stille Heldentum dieser leidgeprüften Frau auch sonst: In Andreas Hofers letzten Briefen, die er im Angesicht des Todes an den ehemaligen Schützenmajor Josef Pühler und an seinen Adjutanten Kajetan Sweth schreibt, kommt „die Liebste mein" nur im Zusammenhang mit der von ihm erbetenen Seelenmesse vor; von den Hofer-Liedern erwähnt bloß das weniger bekannte jüngere „mein liebes Weib und alle meine Kinder"; und unter den mancherlei Memorabilien, die in der von der Tiroler Matrikelstiftung im ehemaligen Pferdestall des Sandhofs installierten Andreas-Hofer-Gedenkstätte versammelt sind, trägt lediglich *eine* auch *ihren* Namen: das pompöse Schreibpult des Sandwirts. Dazu der Nachruf an der Wand:

„Mochte sie auch für die Aufgaben eines Wirtsgeschäftes etwas zu sehr in sich gekehrt, etwas zu wenig lebhaft erscheinen, so besaß sie doch ein edles und, wie sich in den Tagen des bittersten Leides erweisen sollte, starkes Herz, eine treue, hingebende Seele, teilnehmendes Verständnis für die Absichten und Handlungen ihres Mannes und ein warmes Mitgefühl für alle, die der Hilfe und des Rates bedurften."

Die Durchreisenden, die nach ihrem Bildnis fragen, werden vom Kustos des kleinen Museums, das in früheren Jahren auf bis zu vierzigtausend und heute gerade noch auf zehntausend verkaufte Eintrittskarten kommt, auf die Bauernstube im nach wie vor bewirtschafteten Gasthof nebenan verwiesen: Hier, wo Anna Hofer-Ladurner jahrzehntelang in guter wie in schwerer Zeit gewerkt hat, blickt sie, von Meister Wasmanns Malerhand porträtiert, aus ihren großen ernsten Augen den Besucher mit einer Eindringlichkeit an, die diesen wohl so schnell nicht wieder losläßt. Kein Zweifel: Die berühmten Anfangsworte aus Andreas Hofers Abschiedsbrief – es sind auch die ihren:

„Ade, meine schnöde Welt!"

Das Versteck auf dem Ritten

Benito Mussolini und Clara Petacci

Das Liebesleben des „Duce" ist ganz schön kompliziert. Man fragt sich, wie einer seinem Volk ein neues Imperium Romanum bescheren will und dann in seinem *eigenen* Imperium zwischen Herd und Bett ein solches Tohuwabohu hat, daß die Kontrahentinnen einander die Haare ausreißen. Er selber zieht sich, wenn sich's wieder einmal zuspitzt, aus der Affäre, indem er sich auf den nächstbesten Diwan wirft und einschläft. Denn zumindest eines hat Benito Mussolini mit Napoleon gemeinsam: Wie dieser verfügt er über die glückliche Gabe, zu jeder Zeit und an jedem Ort in tiefen Schlaf zu sinken und zu jedem gewünschten Zeitpunkt wieder aufzuwachen.

Versuchen wir, das Durcheinander seines Liebeshaushalts zu entwirren. Da ist einmal Donna Rachele, die legitime Gattin. Neun Jahre jünger als er, ist sie Benito seit Jugendtagen in Freundschaft verbunden. Sogar weitschichtig verwandt soll sie mit ihm sein: eine Cousine zweiten Grades. Sie ist siebzehn und er noch Redakteur beim sozialistischen „Avanti", als sie beschließen, einen gemeinsamen Hausstand zu gründen. Mit der standesamtlichen Trauung lassen sie sich sechs, mit der kirchlichen gar sechzehn Jahre Zeit.

Rachele Guidi ist die einfache Frau aus dem Volk, die ihren Herrn und Gebieter glücklich zu machen versucht dadurch, daß sie ihm seine Leibspeisen vorsetzt, ihm die Socken stopft und die Kinder, die sie ihm schenkt, aufzieht. Noch in fortgeschrittenem Alter nimmt sie das Risiko komplizierter Schwangerschaften auf sich, um im Sinne der faschistischen Bevölkerungspolitik ihren Geschlechtsgenossinnen mit leuchtendem Beispiel voranzugehen. Eine First Lady, der die pünktliche Fütterung der Kaninchen und Hühner im Stall hinterm Haus wichtiger ist als der Glanz von Staatsempfängen, und verlangen es ihre Pflichten, wider Willen doch einmal zu repräsentieren, so verbringt sie die Stunden davor nicht etwa vorm Spiegel, sondern am Bügelbrett.

Dann die vielen, vielen Seitensprünge: Liaisons mit Eintagsgeliebten, die Mussolini in der Regel auf der berühmten Steinbank vor dem hohen Fenster seines Arbeitszimmers im Palazzo Venezia abfertigt. Es sind die Gattinnen von Parteibonzen, Damen aus der feinen Gesellschaft Roms sowie ausländische Journalistinnen, deren Interviews in der Horizontale enden. Mussolini „wirkt" auf Frauen, und das braucht er auch: Virile Selbstbestätigung – davon kann der kleinwüchsige Glatzkopf nicht genug haben. Aber nicht alle diese flüchtigen Abenteuer bleiben ohne Folgen: Die Südtirolerin Ida Dalser, die 1915 von ihm ein Kind erwartet und nach dem Krieg mit der Affäre an die Öffentlichkeit geht, um Unterhaltsansprüche anzumelden, wird auf sein Betreiben in eine Irrenanstalt eingeliefert, wo sie unter mysteriösen Umständen in noch jungen Jahren stirbt.

Auch für die Befriedigung seiner kulturellen Bedürfnisse hat er eine ihm treu ergebene Gefährtin zur Seite: Margherita Sarfatti, die Mussolini noch von seiner Redaktionszeit her kennt und schätzt und die es in späteren Jahren bis zu seiner Biographin bringen wird.

Vor allem aber ist da – seit 1936 – Clara Petacci, die Langzeitmätresse, die ihm sogar auf dem bitteren Weg in die Katastrophe folgt und mit ihm das schmachvolle Los teilt, von kommunistischen Partisanen hingerichtet und an einem Tankstellenmast auf dem Mailänder Piazzale Loreto aufgehängt zu werden.

„Claretta" ist zwanzig, als sie 1932 den „Duce" kennenlernt. Das bildhübsche, lebensfrohe Persönchen stammt aus der Mailänder Vorstadt, ihr Vater ist Arzt. Daß der Mann, dem sie auf eine geradezu masochistische Weise verfallen ist, ihr niemals ganz gehören wird, kann sie in ihrer Hingabe keinen Augenblick beirren: Seinetwegen nimmt sie es auf sich, aus der bürgerlichen Gesellschaft ausgestoßen zu werden, sie geht für ihn ins Gefängnis, verzichtet klaren Blicks auf jedes eigene Familienglück.

Solange Mussolini unumschränkt an der Macht ist, halten sich die Schwierigkeiten seines mehrgleisigen Liebeslebens in Grenzen: Rom ist groß. Seinem ausgeprägten Hang zur Respektabilität folgend, gelingt es ihm, in der Öffentlichkeit das Bild vom treuen Ehemann und Hausvater unbeschädigt aufrechtzuerhalten. Zum Problem wird die Nebenfrau erst, als man seit Herbst 1943 – am

27. September wird an den Gestaden des Gardasees die „Schatten-republik" von Salò ausgerufen und Mussolinis endgültiger Niedergang eingeläutet – auf engstem Raum zusammengepfercht ist …

Sommer 1943. Nur notorisch Verblendete können, als in der Nacht vom 9. auf den 10. Juli die Alliierten auf Sizilien landen, auch jetzt noch am Traum vom „neuen Italien" festhalten. Zwei Wochen später spricht der Große Faschistische Rat dem „Duce" sein Miß-trauen aus, König Vittorio Emanuele III. entkleidet ihn aller seiner Ämter, noch am selben Tag erfolgt die Verhaftung, zwanzig Jahre nach seiner Machtübernahme ist der Diktator gestürzt. Obwohl ihn am 12. September deutsche Fallschirmjäger aus seinem Gefängnis auf dem Gran Sasso in den Abruzzen befreien, drei Tage darauf seine Wiedereinsetzung verlautbart, über Radio München seine erste Rede nach dem Sturz verbreitet und für 23. September Mussolinis Heimkehr nach Italien organisiert wird, weiß auch er sehr genau, daß ihm nur noch die Rolle einer Marionette bleibt: Sein Retter Adolf Hitler ist selber aufs schwerste angeschlagen.

Zwar ist Rom noch in deutscher Hand, aber die Alliierten rük-ken vor; nur in Norditalien, wo die Amerikaner und die Engländer so schnell nicht hinkommen werden, kann die SS den „Duce" samt seiner eilends installierten „Gegenregierung" vor der Rachlust der eigenen Landsleute schützen. Die am 27. September ausgerufene faschistische „Sozialrepublik" richtet sich am West-ufer des Gardasees ein: Zwischen Gargnano im Norden und Salò im Süden spielen Mussolini und die Seinen noch für neunzehneinhalb Monate Staat. Villen und Hotels, zum Teil schon zuvor in Reservelazarette umfunktioniert, werden als Amtsgebäude und Residenzen konfisziert, Hitlers SS stellt die Wachposten.

In der Villa Feltrinelli am Seeufer von Gargnano, dem Besitz eines Verlegers aus jenem linken Lager, für das es in der „Repubblica Sociale Italiana" keinen Platz gibt, hält Mussolini mit seiner vielköpfigen Familie Einzug, die Amtsgeschäfte be-sorgt er von der Villa delle Orsoline aus, die, mitten am Dorfplatz gelegen, ebenfalls zum Imperium der Feltrinelli gehört. Die übri-gen Dienststellen sind über die Gegend verteilt, das Außenmini-sterium nimmt seinen Sitz in Salò.

Und was ist mit Clara Petacci, Mussolinis Nebenfrau? Sosehr er die Nähe der ihn anhimmelnden Geliebten genießt: Im Grunde

Marionette der Deutschen: Benito Mussolini in Salò

wäre es ihm lieber, müßte er sich nicht auch noch um *deren* Sicherheit sorgen. Aber der inzwischen Einunddreißigjährigen ist es nicht auszureden, daß auch *sie* Anspruch auf einen Platz in der „Gespensterrepublik" von Salò hat, und so findet „Claretta" samt ihren nächsten Verwandten im zwölf Kilometer entfernten Nachbarort Gardone Unterschlupf. Neben ihrem Bett in der Villa Fiordaliso wird eine Telefonleitung zum „Duce" installiert – die Mädchen des im Keller stationierten SS-Abhörkommandos stenographieren fleißig jedes Wort mit, das zwischen den beiden Liebenden gewechselt wird. Wollen sie wirklich ungestört beisammen sein, müssen sie sich mit einem Versteck im Freien begnügen: einer Waldlichtung hinter der San-Faustino-Kapelle. Mussolini benützt für seine Rendezvous das Fahrrad, „Claretta" kommt zu Fuß.

Um den Geliebten aufzumuntern, der jetzt immer öfter in Depressionen verfällt, wenn er über seinen Generalstabskarten und Situationsberichten brütet oder sich in die Werke Platons und Nietzsches vertieft, bringt sie jedesmal ein kleines Geschenk mit – und sei es nur ein Blatt mit einem Gedicht, eine von ihr angefertig-

117

Lieber Hausfrau als First Lady: Donna Rachele

te Farbzeichnung oder rares Backwerk, das sie irgendwo aufgetrieben hat. Denn am neuen „Regierungssitz" fehlt es an so manchem: Auch die Mussolinis müssen ihren Haushalt aus den kriegsbedingt rationierten Lebensmittelzuteilungen bestreiten; nicht einmal die Diätkost, die dem schwer Magenkranken verordnet ist, läßt sich zu jeder Zeit beschaffen. Sogar finanzielle Engpässe treten ein: Dann bleibt Donna Rachele nichts anderes übrig, als wertvolle Möbelstücke, die man aus der Villa Torlonia, der römischen Residenz, gerettet hat, zu verhökern. Nur wenn Honorare aus Mussolinis Tätigkeit als Buchautor eintreffen, kommt man wieder eine Weile über die Runden.

Was dem „Duce" womöglich noch mehr abgeht, sind die Huldigungen seiner Getreuen: Der Dorfplatz von Gargnano vor seinem Amtszimmer hat gerade ein Zwanzigstel vom Umfang der Piazza Venezia in Rom, wo ihm einst, in besseren Tagen, das Volk zu Tausenden zugejubelt hat …

Clara Petacci ist nicht nur immer noch eine sehr attraktive Geliebte, der es – dank ihrer Familienclique, allen voran ihres gefinkelten Bruders Marcello, der als Virtuose in Schiebergeschäften gilt – an nichts fehlt, was, vom Parfum bis zum Pelz, ihrer äußeren Erscheinung zugute kommt, sondern sie weiß auch

Dem „Duce" verfallen: „Claretta" Petacci

noch in der schwierigsten Situation Trost zu spenden: sei es, daß sie sich bei Mussolinis Besuchen in der Villa Fiordaliso ans Klavier setzt und ihn dazu animiert, die Geige aus dem Kasten zu holen und mit ihr zu musizieren, sei es, daß sie ihm für den Fall, feindliche Bomber könnten sein Versteck in Gargnano aufspüren, bei sich Asyl anbietet: „Dann hab ich dich endlich ganz für mich allein, lasse dich nicht mehr von mir fort ..."

Für Rachele Mussolini, die von der Existenz der Nebenbuhlerin überhaupt erst nach der Entmachtung ihres Mannes, also sieben Jahre nach dem Beginn der Affäre, erfahren haben will (und das aus den sensationslüsternen Skandalschlagzeilen der Presse!), ist es ein schwerer Schlag, über Zuträger davon unterrichtet zu werden, daß die Ehestörerin weiterhin am Werk, ja sogar in allernächster Nähe, im zwölf Kilometer von Gargnano entfernten Gardone, ansässig geworden ist. Und da sie nur zu gut weiß, daß Benitos Versprechungen, die Liaison zu beenden, nicht ernst zu nehmen sind, schreitet sie selber zur Tat. In Begleitung von Innenminister Buffarini begibt sie sich in den Nachbarort und stellt ihre Kontrahentin zur Rede.

Die stürmische Auseinandersetzung zwischen den beiden um ein und denselben Mann ringenden Frauen ist oft geschildert

119

worden: Welcher Chronist mag sich schon die schrillen Temperamentsausbrüche einer solchen Schmierenkomödie entgehen lassen! Hier die einfache Hausfrau, die noch die Küchenschürze um den Kittel gebunden hat, dort die elegante Salondame in Samt und Seide. Hier die betrogene Ehegattin, die auf ihre legitimen Rechte pocht, dort die zwanzig Jahre jüngere Mätresse, die ihrem Geliebten hörig ist und dafür sogar 45 Tage Kerkerhaft auf sich nimmt.

Eine Szene wie die folgende hat es weder in der Villa Fiordaliso noch irgendwo sonst in der Gegend jemals zuvor gegeben: Stürmisch verlangt Donna Rachele Einlaß, verschreckt wird sie zum Warten aufgefordert. Als es ihr zu lange dauert, versucht sie, das eiserne Gartentor zu überklettern. Minister Buffarini kann sie am gewaltsamen Eindringen nur hindern, indem er die zum Äußersten Entschlossene am Bein festhält.

Unterdessen stürzt Clara Petacci in heller Aufregung zum Telefon und ruft den Geliebten an. Mussolini mahnt zur Vorsicht: „La vecchia", die Alte, könnte eine Waffe bei sich haben. Schließlich stehen die beiden Konkurrentinnen, wutentbrannt die eine, kreidebleich und an allen Gliedern zitternd die andere, einander gegenüber.

Bei der Schilderung des nun einsetzenden Wortwechsels gibt es stark voneinander abweichende Versionen: Während Donna Rachele in ihren später niedergeschriebenen Memoiren behaupten wird, die Nebenbuhlerin inbrünstig angefleht zu haben, im Interesse des Staates Verzicht zu leisten, ihre Sachen zu packen und abzureisen, weiß das Petacci-Lager von einer Sturzflut übelster Beschimpfungen zu berichten, die zuletzt sogar in Handgreiflichkeiten ausgeartet seien. Clara Petaccis Bewacher, der ihr von der SS zugeteilte Sicherheitsoffizier, wird noch Jahre danach die Kratzspuren an seiner Hand herzeigen, die er bei dem Versuch abbekommen hat, die einander in den Haaren liegenden Furien zu trennen …

In der Villa Feltrinelli wiederholt sich das Spektakel, diesmal zwischen den Eheleuten. Donna Rachele ist von ihrem „Überfall" zurückgekehrt, Mussolini (es ist gegen Mittag) kommt zum Essen heim. Wieder ist Innenminister Buffarini Zeuge, bevor er verschreckt das Weite sucht. Rachele geht mit dem Nudelwalker auf ihren Mann los, Mussolini wehrt die Attacke ab, indem er seine Frau gegen die Wand schleudert. Über den Wortlaut der Kontroverse wird man sich für alle Zeiten in Schweigen hüllen – mit der plausiblen Begründung, er sei beim besten Willen nicht wiederzugeben …

Operettenhaft schließlich der Ausgang der Auseinandersetzung: Die versammelte Familie habe sich zu Tisch begeben, man habe köstlich gespeist, und Mussolini habe die Diskussion mit der lakonischen Feststellung beendet: „Also, kochen kannst du, Rachele, das muß man dir lassen!" Im übrigen bleibt alles beim alten: Clara Petacci bricht ihre Zelte am Gardasee nicht ab, Benito Mussolini pendelt auch weiterhin zwischen Hausfrau und Mätresse hin und her, und Donna Rachele schäumt vor Eifersucht.

Nur die politische Szene rund um die drei hat sich mittlerweile dramatisch verändert – und nicht zum Guten: Die deutsche Front in Norditalien löst sich auf, Heeresgruppe und SS-Führung treten in Geheimverhandlungen mit den Alliierten ein, um einen Waffenstillstand einzufädeln, die Aktivitäten der Partisanen weiten sich Zug um Zug zum allgemeinen Volksaufstand aus, die Schlinge um den „Duce" wird enger und enger …

Spätwinter 1944/45. Von dem einst so schlagkräftigen faschistischen Apparat ist nur noch ein kümmerlicher Rest von fünf oder sechs Polizeikorps übriggeblieben: Söldner, von denen keinerlei durchgreifende Hilfe zu erwarten ist. Mussolini ist in Wahrheit ein Gefangener der Deutschen, und die sind sich ihrerseits darüber im klaren, daß der Krieg für sie nicht mehr zu gewinnen ist. Am 19. April entschließt sich Mussolini, Gargnano in Richtung Mailand zu verlassen. Doch da stehen die Amerikaner bereits 60 Kilometer vor der Stadt. Es geht also ums nackte Überleben.

Donna Rachele ist am Gardasee geblieben; Clara Petacci, von Mussolini beschworen, sich durch Flucht in Sicherheit zu bringen, besteht darauf, auch jetzt an seiner Seite auszuharren – egal, was kommen mag.

In den letzten Wochen hat der „Duce" in aller Hast Regierungsdokumente geordnet, Notizen angefertigt, für den Fall der Gefangennahme seine Verteidigung vorbereitet. Von seinem Sekretär begleitet, ist er zu nächtlicher Stunde mit dem Boot auf den See hinausgefahren, um ihn kompromittierende Akten zu versenken. Seine letzte Hoffnung: Er will versuchen, sich im Veltlin einzubunkern. Oder bleibt ihm tatsächlich nur noch die Flucht? Seine engsten Berater empfehlen ihm die Schweiz. Auch die Familie Petacci bietet eine Lösung an: Man solle Mussolinis Tod fingieren, um so sein Untertauchen in Spanien oder Argentinien zu decken. Die Deutschen wiederum schlagen die entgegengesetzte Richtung vor, denken an Österreich oder Bayern. Da tritt der Südtiroler SS-Major Franz Spögler, der den telefonischen Abhördienst der Deutschen in Gardone geleitet hat und als Beschützer Clara Petaccis auch in engem persönlichem Kontakt zu Mussolini steht, auf den Plan: Er, der auf dem Ritten jeden Winkel kennt, kann mit einem penibel vorbereiteten Versteck aufwarten. Im Jöcherhof, einem nur schwer zugänglichen Anwesen in dem entlegenen Bergnest Gissmann, seien er und die „Signora" hundertprozentig sicher. Hier könne man unbehelligt verschwinden, das Ende des Krieges abwarten, die Lage sich beruhigen lassen und schließlich nach einigen Monaten aus dem Untergrund auftauchen, sich den Alliierten stellen und seine Rechtfertigung anzutreten versuchen.

Clara Petacci stimmt dem Plan zu, zweimal folgt sie „Quartiermacher" Spögler zwecks gründlicher Vorbereitung des Unternehmens auf den Ritten – streng inkognito: mit dem Auto bis Bozen, von dort mit der Zahnradbahn nach Klobenstein, die restliche Strecke mit dem Pferdeschlitten. Der Joos-Bauer, der den Jöcherhof bewirtschaftet, hat schon die zwei Zimmer im Obergeschoß hergerichtet, er freut sich über den saftigen Mietpreis, den er mit seinem Landsmann ausgehandelt hat.

Doch das wohleingefädelte Manöver platzt: Mussolini will davon nichts wissen. An seine Frau schreibt er einen Abschiedsbrief; seine letzten Getreuen um sich scharend, verläßt er in einem Konvoi von zirka dreißig Fahrzeugen, er selber im Alfa Romeo und eine Maschinenpistole auf den Knien, Clara Petacci mit Bruder und Schwägerin hinterdrein, das schon vom Volksaufstand erfaßte Mailand – in Richtung Veltlin.

In Como, nur noch zehn Kilometer von der Schweizer Grenze entfernt, übernachtet man. Für die Weiterfahrt wird auf den Schützenpanzer umgestiegen, Clara Petacci, einen Stahlhelm auf dem Kopf, nimmt neben dem Geliebten Platz. In der Ortschaft Dongo wird die gespenstische Kolonne von einem Partisanentrupp angehalten. Mussolini, von einem der unterwegs Abgesprungenen verraten, wird erkannt, festgenommen und entwaffnet – der Einundsechzigjährige leistet keinen Widerstand. In einer Villa in dem

Dorf Azzano hoch über dem Comer See schlägt ihm und Clara Petacci, die darauf besteht, auch jetzt an der Seite des Geliebten bleiben zu dürfen, am Nachmittag des 28. April 1945 die letzte Stunde: Der Buchhalter Walter Audisio, der in der KP-Widerstandsbewegung unter dem Namen Oberst Valerio geführt wird, feuert die tödlichen Schüsse ab. Die Leichen werden auf einen Lastwagen geladen, nach Mailand transportiert und auf dem Piazzale Loreto, nicht weit vom Zentralbahnhof, aufs Straßenpflaster gekippt. Der entfesselte Mob tritt sie mit den Füßen, gegen 23 Uhr werden sie, Seite an Seite und mit dem Kopf nach unten, am Lichtmast einer Tankstelle aufgehängt.

Daß das Südtiroler Bergnest Gissmann hoch droben auf dem Ritten um die zweifelhafte Ehre gekommen ist, dem bedrängten „Duce" und seiner unerschütterlich zu ihm stehenden Geliebten in der Stunde äußerster Not Unterschlupf zu bieten, mag damals, im Frühjahr 1945, der eine oder andere Eingeweihte unter den Einheimischen, der sich davon momentanen Geldsegen versprach, bedauert haben. Heute ist man allseits froh: Unbelehrbare Mussolini-Anhänger, die vielleicht, den Genius loci auskostend, zum Jöcherhof pilgern würden, oder gar Schatzgräber, denen nicht auszureden ist, daß in irgendeinem Versteck nahebei noch das „Mussolini-Gold" zu finden sein müsse, mit dem für das riskante Unternehmen vorgesorgt war, wären wohl das Letzte, was man auf dem Ritten braucht.

Ein Blick nach Predappio, dem in der Hügellandschaft der Emiglia Romana gelegenen Geburtsstädtchen Benito Mussolinis, läßt auf Anhieb erkennen, was dem Vierzig-Seelen-Weiler Gissmann, den der Italianisierungsexperte Ettore Tolomei zur „Madonnina di Renon" verfremdet hat, erspart geblieben ist: Hier, wo in der Krypta der Friedhofskapelle seit 1956 auch die Gebeine des Diktators ruhen, wo seine Reitstiefel und eine Schatulle, in dem sich sein Gehirn befinden soll, von Ewiggestrigen wie Reliquien verehrt werden, wo der Andenkenhandel mit Mussolini-Büsten blüht und wo deutschsprachigen Besuchern „Heil"-Rufe entgegenschallen, ist nicht einmal der „rote" Bürgermeister imstande, der „Nostalgie von rechts" Einhalt zu gebieten, obwohl die „Verherrlichung des Faschismus" auch in Italien unter Strafe steht.

Ähnliches, wenngleich in bescheidenerem Umfang, hätte auch dem Nordwestwinkel des Ritten blühen können, wäre der Plan des

Versteck auf dem Ritten: Der Jöcherhof heute

Lengmooser Gastwirtes und SS-Majors Franz Spögler aufgegangen. Nicht jedermann weiß hier von dem heiklen Ansinnen, und die wenigen Eingeweihten hüllen sich in Schweigen. Nur ungern führen sie den neugierigen Besucher an den Ort des Nicht-Geschehens, zeigen ihm den in den letzten Jahren schmuck renovierten Bauernhof am Ortseingang von Gissmann, der den Sommer über die meiste Zeit leer steht, weil seine Besitzer zugleich die Schutzhütte auf dem Rittner Horn bewirtschaften. In dem in Bozen neu aufgelegten Prachtband „Bauernhöfe in Südtirol", der sich auf eine während der Optionszeit von der SS in Auftrag gegebene Bestandsaufnahme der heimischen Volkskultur stützt, bleibt bei der Beschreibung des Jocherhofes jeder noch so versteckte Hinweis auf die Vorgänge vom April 1945 ausgespart: „Feuerhaus Neubau nach Brand 1930, Futterhaus mit steilem Krüppelwalmschindeldach und Bundwerkgeschoß."

Entlegen ist das kleine Anwesen noch immer – auch heute, wo im Zuge des florierenden Tourismus so gut wie kein Schlupfwinkel mehr unerschlossen ist, sondern mit Fremdenbetten prunkt. Selbst die Anrainer brauchen für das letzte Stück Straße eine behördliche Zufahrtsgenehmigung, die jedes Jahr erneuert werden muß, und erst recht bekommen die wenigen Rucksacktouristen, die sich in das Bergidyll zwischen Roßwagen und Nock verirren, die strengen Auflagen des Landschaftsschutzes zu spüren. Einmal, so erzählt die alte Nachbarin, war man hier den Winter über drei Monate von aller Welt abgeschnitten, so hoch lag der Schnee. Was man, in puncto Grundnahrungsmitteln autark, an sonstigem Lebensnotwendigen brauchte, brachten beherzte Skifahrer aus dem Tal herauf, für die Kinder aus den umliegenden Höfen wurde beim Jocher eine Notschule installiert, nur krank werden durfte keines von ihnen zu jener Zeit.

Welches Jahr das gewesen ist?

Die alte Bäuerin schüttelt den Kopf, so genau kann sie sich nicht mehr erinnern. Aber 1945 war es mit Sicherheit nicht. Benito Mussolini und Clara Petacci hätten vielleicht auf so manche Bequemlichkeit verzichten müssen. Doch Schneeschaufeln, das wäre ihnen erspart geblieben …

Denkmal für ein Küchenmädel

Tita Piaz und Emma Dellagiacoma

Cavalese, Kleinstadt in der Provinz Trient, eine Autostunde von Bozen entfernt. Gleich beim Busbahnhof die Kirche Santa Maria Assunta, dahinter der Friedhof. Überall pflegen sie hier den schönen Brauch, die Epitaphe aufgelassener Gräber nicht etwa wegzuwerfen oder neuer Verwendung zuzuführen, sondern an der Außenmauer der Kapelle zu montieren und ihnen so – über die Ablauffrist hinaus – ein Fortleben zu gewähren. Einer dieser unscheinbaren Grabsteine aus der Mitte des Jahrhunderts trägt die Namen Acursio und Emma Demattio. Wer den beiden alten Leutchen nachforscht, deren hier in Trauer gedacht wird („mesto ricordo"), erfährt nicht viel:

Das „Küchenmädel" von einst: Emma Demattio geb. Dellagiacoma

Er, im Sommer 1946 als Siebenundsechzigjähriger bestattet, war Spengler von Beruf, sie, ihrem Mann dreizehn Jahre später mit dreiundachtzig nachfolgend, Hausfrau.

Auch das auf der üblichen Emailplatte aufgezogene ovale Brustbild verrät nichts über das Geheimnis der Verstorbenen: Es zeigt eine zahnlose Greisin mit eingefallenem Mund und dünnem weißem Haar, über dem Wollhemd ein schlichter geblümter Pullover.

Wer über diese Emma Demattio geb. Dellagiacoma mehr erfahren will, nehme die Dolomiten-Landkarte zur Hand: Auf dem Meßblatt der Rosengartenregion stößt er zwischen den Vajolet-Türmen und der Vajolet-Hütte auf eine Bergspitze, die seit dem Sommer 1899 *Punta Emma* heißt. Wie kommt diese steil aufragende, nur durch einen wenige Meter tiefen Einschnitt vom Rosengartenmassiv abgetrennte Felswand, die heute zu den klassischen Routen der Dolomitenkletterer (Schwierigkeitsgrad 4 bis 4 plus) zählt, zu ihrem Namen?

Berggipfel werden für gewöhnlich nach Zelebritäten benannt: nach Stars des Alpinismus, denen man huldigen will, oder nach Erstbesteigern, die sich auf diese Weise ein Denkmal der Unsterblichkeit setzen.

Bei der Punta Emma trifft nichts dergleichen zu: Die „Taufpatin" dieser Dolomitenspitze ist das einfache Küchenmädel einer Berghütte. Fragt sich nur: Wie kommt diese dreiundzwanzigjährige Emma Dellagiacoma aus Predazzo zu der Ehre, solcherart verewigt zu werden?

Bestimmt steckt eine romantische Liebesgeschichte dahinter, und so kommt sehr bald die Legende vom heißblütigen Gipfelstürmer in Umlauf, der seiner Angebeteten in einer Anwandlung von Zärtlichkeit dadurch zu imponieren versucht, daß er der Bergspitze, für deren Bezwingung er Kopf und Kragen riskiert hat, ihren Namen gibt.

Doch die Sache verhält sich anders, Amouröses ist nicht im Spiel. Daß die Punta Emma Punta Emma heißt, hat vielmehr mit dem subtilen Altruismus eines Mannes zu tun, dessen Herz für jene einfachen Leute schlägt, zu denen auch er zählt. Der sich nicht von großen Namen blenden läßt, sondern auf den sozialen Akt abzielt: Tita Piaz. „Teufel der Dolomiten" – so nennen sie ihn bis heute landauf, landab. Unter den legendären Bergführern des Fassatals ist er, auch ein halbes Jahrhundert nach seinem Tod, noch immer die Nummer eins.

In seinem Taufschein stehen die Vornamen Giovanni Battista, später wird ihn alle Welt nur als „Tita" kennen. Und genau so lesen wir es auch auf seinem Grabstein, auf den Titelseiten seiner Bücher, auf dem Schild der in seiner Heimatgemeinde Pera ihm gewidmeten Straße. Hier, im zur Provinz Trient gehörigen Fassatal zwischen Rosengarten und Marmolada, kommt er am 30. Oktober 1879 in ärmlichen Verhältnissen zur Welt. Die Piaz gehören der italienischen Minderheit der Ladiner an, die im Gadertal, in Gröden, in Buchenstein, in Cortina d'Ampezzo und eben im Fassatal die beherrschende Volksgruppe sind. Ihre Vorfahren haben das Volkslatein der römischen Beamten, Soldaten und Handelsleute im Lauf der Jahrhunderte zum Rätoromanischen umgeformt, dem das heutige Radioprogramm der RAI täglich 45 Minuten Sendezeit einräumt. In der Volksschule – Unterrichtssprache Italienisch – wird ihnen eine Wochenstunde Ladinisch zugestanden; ihr Kulturinstitut in Vigo, wenige Kilometer von Pera entfernt, arbeitet unermüdlich an der Erhaltung der alten Volkskultur.

Mutter Piaz ist Wanderhändlerin; wenn sie mit ihren Kurzwaren und Stoffballen von Dorf zu Dorf zieht, darf ihr der kleine Tita beim Schleppen der Warenkörbe helfen, die sich auf dem Rückweg eher mit Tauschartikeln als mit Geldscheinen füllen. Der Bub ist ein williger Begleiter: Die Lust, sich zu bewegen, steckt ihm im Blut; er wäre ein guter Briefträger geworden, wären nicht die Berge die noch größere Passion. In seiner Autobiographie, die er mit achtundsechzig schreiben wird, zitiert er den Freiheitskämpfer Garibaldi, der sich nicht habe entsinnen können, jemals schwimmen gelernt zu haben, sondern wohl als Amphibie geboren worden sei: „Ich wüßte nicht zu sagen, wann ich klettern gelernt habe, ich muß als Affe auf die Welt gekommen sein."

Neben seinem Elternhaus, halb Wohnhöhle, halb Heuschober, erhebt sich ein mächtiger, an die fünfzehn Meter hoher Felsbrocken, an dem Tita seine ersten Kletterübungen vollführt. Ständig läuft er mit zerrissenen Hosen herum, mit x-fach geflicktem Schuhwerk. Seine stolzesten Momente hat er, wenn ihm seine Spielkameraden beim Erklettern von Hauswänden und Kirchtürmen bewundernd zuschauen; mit vierzehn bezwingt er im Alleingang die Rosengartenspitze. Die Chance, mittels eines vom Schulverein gestifteten Stipendiums an der Bozener Lehrerbildungsanstalt studieren zu können, verspielt er, indem er am Heiligen Abend seine Mitschüler in ein Saufgelage verstrickt und zu Ostern die Beichte schwänzt.

Auf dem Friedhof von Pera, wo er, mit den Toten Zwiesprache haltend, Erleichterung von seinen Kümmernissen sucht, faßt der junge Tita den Entschluß, der für seine gesamte Zukunft bestimmend bleiben wird: Er will sein Leben den geliebten Dolomiten weihen. Und damit er davon auch seinen Unterhalt bestreiten kann, bleibt ihm nur eine Wahl: Bergführer zu werden.

Um die dafür nötigen Kurse zu absolvieren und die von Amts wegen vorgeschriebenen Prüfungen abzulegen, fehlt es ihm freilich an zweierlei: an Geld wie an Geduld. Tita Piaz übt seinen Beruf also „wild" aus, eckt gleichermaßen bei der Kollegenschaft wie bei den Behörden an. Aber keine noch so strenge Ächtung, keine noch so harte Strafe kann ihn in seiner Unternehmungslust bremsen: Wenn er erst einmal seine großen Gipfeltriumphe gefeiert, seine ersten prominenten Klienten um sich geschart und sich vor allem als tollkühner Lebensretter einen Namen gemacht hat, wagt niemand mehr nach den fehlenden Zertifikaten zu fragen.

Nur die Abergläubischen, deren es in der mythenreichen Bergwelt der Dolomiten allerdings mehr als genug gibt, setzen ihm zu: Dieser Tita Piaz muß mit dem Teufel im Bunde sein. Das Gerücht, dem Herrscher der Unterwelt seine Seele verkauft zu haben und dafür in den Besitz einer Wundersalbe gekommen zu sein, die seinen Fingerspitzen die Kraft verleiht, auch an den glattesten, senkrechtesten Felswänden Halt zu finden, führt dazu, daß so manche alte Frau sich bei seinem Anblick bekreuzigt und die wüstesten Verwünschungen ausstößt.

In späteren Jahren wird er seinem düsteren Ruf weitere Nahrung zuführen, indem er sich einen Hund zulegt, dem er den Namen *Satan* gibt; auch spricht sich herum, daß er, obwohl streng katholisch erzogen, unter die Freidenker gegangen ist; und als er gar ins Lager der Irredentisten überwechselt, die mit den Italienern gemeinsame Sache machen, und als einziger im ganzen Tal den „Popolo" abonniert, die Zeitung des später von den Österreichern als Hochverräter hingerichteten Sozialistenführers Cesare Battisti, ist das Feindbild, das Tita Piaz vielen seiner Landsleute bietet, komplett.

Dieser Zug zur Unangepaßtheit und zum Querdenken, aber auch zu Gerechtigkeitsfanatismus und sozialem Engagement, der seine Persönlichkeit zunehmend prägen wird, kündigt sich schon frühzeitig an. – Wir schreiben das Jahr 1899, Tita ist neunzehn Jahre alt, steht noch ganz am Beginn seiner Bergführerkarriere. Ein berühmter Kollege, mit dem er eines Tages ins Gespräch kommt, will ihm nicht glauben, daß er den Delago-Turm, der zu dieser Zeit als die schwierigste aller Alpenspitzen gilt, bezwungen hat. Es grenzt ja auch wirklich an ein Wunder:

„Ich hatte keine Ahnung von der damals üblichen Methode, in so einem verdammten Kamin hochzuklettern, der so glatt war, daß ein Floh daran abgerutscht wäre. Auch wußte ich nichts von der zu jener Zeit überhaupt noch unbekannten Methode der Adhäsion. Ich erklomm ihn also nach Art der Schlangen. Soviel ich weiß, hat bis heute niemand mein wahnsinniges Vorgehen wiederholt, um dieses äußerst schwierige Stück zu bewältigen. Ich glaube, wenn ich nicht ein so guter Turner gewesen wäre, hätte ich dort meine Seele ausgehaucht. Nie habe ich meine Reserven an Kraft und Geschicklichkeit so restlos aufgebraucht wie an jenem Tag. Ich erinnere mich, wie ich, auf dem Gipfel angelangt, gerade noch genug Atem übrig hatte, um mit dem Pathos eines Tartarin dem Universum zuzubrüllen: 'Dem Mutigen gehört die Welt!' Ja, die Welt gehörte mir, und ich war unsagbar glücklich. Von der Höhe des spitzen Turmes sah ich die kleine Erde zu meinen Füßen liegen, wie Napoleon sie nach der Schlacht von Austerlitz erblickt haben mag: als einen Wirklichkeit gewordenen Traum."

Und die Erfüllung dieses Traums will man ihm streitig machen, will ihn des Flunkerns bezichtigen?

„Ich schwor, daß ich oben gewesen sei, führte alle erdenklichen Beweise an, berief mich auf meinen Namenszug im Gipfelbuch. Aber alle diese Argumente machten auf die diamantharte Überlegenheit dieses Übermenschen keinen Eindruck, und so schlug ich ihm eine Wette um zwanzig Kronen vor (ich hatte in meiner Tasche nicht einmal einen lumpigen Heller für einen Bettler), zwanzig Kronen, die ich gewinnen sollte, wenn ich in Gegenwart aller, die hier versammelt waren, mein Kunststück wiederholen würde."

Doch Titas Kontrahent, in seiner Ansicht durch nichts zu erschüttern, läßt sich auf derlei Unfug nicht ein. Daß der junge Bengel dann auch noch damit prahlt, die Nordostwand des vor der Vajolet-Hütte steil aufragenden Felsturms erklettern zu wollen, erregt bei seinem Zuhörer vollends höhnisches Gelächter.

Mehr bedarf es nicht, um den tief gedemütigten Tita Piaz dazu anzuspornen, das scheinbar Unmögliche zu wagen, und wirklich, wenige Tage später ist es soweit:

„Ich wußte, daß diese Spitze, von der sich das majestätische Rosengartenmassiv durch einen mehrere Meter tiefen Einschnitt so verächtlich abgetrennt hat, noch nie jemand ins Auge gefaßt hatte. So warf ich ihr mit heroischer Geste den Fehdehandschuh hin, ging zum Angriff vor, bezwang sie und setzte ihr den Fuß aufs jungfräuliche Köpfchen. Dann stieg ich zur Hütte hinunter und

*Die Vajolet-Hütte mit den Vajolet-Türmen.
Im Bild rechts die Punta Emma*

trug – erregt wie ein junger Priester, der seine erste Messe liest – meine ‚Premiere‘ ins Buch ein: ‚Erstbesteigung des nördlichen Rosengartenpfeilers‘."

Aber würde das genügen, das Ereignis zu beglaubigen, ihm endlich Eingang in die Triumphchronik der Erstbesteigungen zu verschaffen?

Dazu braucht erstens die soeben „entjungferte" Bergspitze unbedingt einen Namen, und außerdem muß die Taufe zu zweit vorgenommen werden. Doch woher den Partner nehmen, wenn ihn niemand auf der mörderischen Route begleiten mag?

Viel Auswahl hat Tita Piaz nicht: Er könnte versuchen, die Wirtin der Vajolet-Hütte dazu zu überreden, ihm zu folgen. Doch obwohl eine passionierte Alpinistin, winkt sie ab. In der Hütte herrscht Hochbetrieb, sie ist unabkömmlich. Bleibt noch das Küchenmädel. Emma Dellagiacoma. Ihr, der vier Jahre Älteren, redet Tita Piaz den Kopf heiß, sie brauche absolut keine Angst zu haben, müsse nur alle Bewegungen ausführen, die er ihr vormache, und mit einem Schlag werde sie eine Berühmtheit sein, der für alle Zeiten das großartigste Denkmal gesetzt sei, das sich denken lasse. Und siehe da, dem Dämon in Tita Piaz gelingt es tatsächlich, das widerstrebende Dirndl „weichzuklopfen": Vom verheißenen Ruhm geblendet, folgt Emma Dellagiacoma ihrem Helden, auch die Zweitbesteigung gelingt tadellos, und der bis zu diesem Tag namenlose Rosengartenpfeiler heißt von Stund an *Punta Emma*. Das Küchenmädel einer Schutzhütte in den Dolomiten geht in die Geschichte des Alpinismus ein, ihr Name findet sich in den geographischen Handbüchern, auf Meßblättern und Wanderkarten, und noch über den Tod hinaus kann niemand auf der Welt ihr diesen Ehrenplatz streitig machen …

Emma Dellagiacoma hört es gern, wenn sie von nun an von Bergsteigern, die sich in der Gegend umtun, nach der Punta Emma gefragt wird, und bereitwillig erzählt sie ihnen die Geschichte, wie „ihr" Rosengartenpfeiler zu seiner Benennung gekommen ist. Andererseits ist sie nicht der Typ Frau, dem ein solcher Ruhm zu Kopfe steigt: Brav verrichtet sie weiterhin ihre Arbeit, und hieran herrscht in der Vajolet-Hütte, von der es nur fünf Minuten Fußmarsch bis zum Einstieg in die Nordostwand der Punta Emma ist, kein Mangel. Die Gäste, die in der in 2250 Meter Höhe gelegenen, zwischen Juni und September bewirtschafteten Schutzhütte einkehren, verlangen nach kräftiger Labung: Fleischbrühe und

Gerstlsuppe, Schüttelbrot und Speck. Träger bringen die Nahrungsmittelvorräte mit dem Maultier aus dem Tal herauf. Auch um die Logiergäste hat sich Emma zu kümmern: Die Vajolet-Hütte verfügt über dreißig Betten, die holzgetäfelten Schlafkammern sind einfach, aber manierlich ausgestattet.

Was Emma Dellagiacoma weniger mag, sind Anspielungen auf das Gspusi mit Tita Piaz, das man ihr andichtet. Mein Gott, was die Leute alles erzählen! Die zwei seien ein verliebtes Paar, und Tita habe „seine" sich ängstlich sträubende Emma im Huckepack auf die Punta hinaufgeschleppt. Nein, das wäre gewiß auch für einen Klettervirtuosen wie ihn zuviel des Guten gewesen! Und überhaupt sei er ja längst mit seiner Marietta im Bunde: Tita Piaz und die Tochter des Rizzi-Wirtes aus Pera gelten als verlobt.

Bis Emma Dellagiacoma in den Stand der Ehe tritt, vergehen noch mehrere Jahre. Den Sommer über weiterhin als Saisonkraft in den Bergen, wechselt sie in der kalten Jahreszeit ins Tal, und hier, in dem nahen Städtchen Cavalese, lernt sie den Mann fürs Leben kennen: Acursio Demattio, drei Jahre jünger als sie, von Beruf Spengler. Mit der Trauung geht ihr Dienst in der Vajolet-Hütte zu Ende, man übersiedelt nach Cavalese, aus der Ehe gehen vier Kinder hervor. Die Punta Emma besteigt sie nie wieder, es bleibt bei jenem einen Mal. Nur die Bergkarte, auf der ihr Name verewigt ist, die nimmt sie, in stillen Stunden der Erinnerung, von Zeit zu Zeit zur Hand, und da mag es schon vorkommen, daß sich für einen Augenblick so etwas wie Stolz oder Rührung bei ihr einstellt. Denn inzwischen ist aus Tita Piaz, auf dessen Konto dies alles geht, ein berühmter Mann geworden, über dessen waghalsige Bergabenteuer Zeitungsartikel geschrieben werden, und eines Tages wird er gar selber zur Feder greifen, um sein Leben im Buch festzuhalten. Ob ihre heutigen Nachfolgerinnen – in den Job in der Vajolet-Hütte teilen sich inzwischen Studentinnen, die sich bei freier Kost und Logis etwas dazuverdienen wollen, und junge Leute, die die Einsamkeit der Berge suchen – überhaupt noch von alledem wissen?

Drunten, bei den Einheimischen im Tal, dort freilich ist die Erinnerung an Tita Piaz und Emma Dellagiacoma bis heute lebendig – und das, obwohl seit *ihrem* Tod bald vierzig und seit *seinem* fünfzig Jahre verstrichen sind. Sei es, daß ein Bergsteiger bei einer seiner Touren auf einen Haken mit den Initialen TP trifft (der

Schmied aus dem Dorf hat sie vor Jahrzehnten für seinen berühmten Klienten angefertigt); sei es, daß Traudi Piaz, die aus Südtirol stammende und heute in Titas Heimatgemeinde Pera ansässige Schwiegertochter, mit ihrem jüngsten Kontoauszug Nachricht von neuen Tantiemeneingängen aus dem schriftstellerischen Nachlaß des lange Verstorbenen erhält; sei es, daß interessierte Besucher nach der letzten Ruhestätte des „Teufels der Dolomiten" fragen, die alle anderen Grabmäler auf dem Friedhof von Pera an Statur überragt: Der Name Tita Piaz hat im Fassatal nichts von seinem Klang verloren. Und vielleicht wird man im Jubiläumsjahr 1999, wenn sich die Erstbesteigung der Punta Emma zum hundertsten Mal jährt, sogar ein großes Spektakel aufziehen, wie es das bei ähnlichen Gelegenheiten wieder und wieder gegeben hat – mit morgendlichem Platzkonzert und abendlicher Bergbeleuchtung, mit Feldmesse und Gedenktafelenthüllung, mit Briefmarkensonderstempel und Flaggengala, mit Jubiläums-Aufstieg und Dia-Show.

Tita Piaz selber hat es dem Festkomitee, das sich dann zwecks Organisation der Veranstaltung konstituieren wird, leichtgemacht: In seiner Autobiographie „Dolomiten – meine Freiheit" sind die Stationen dieses ungewöhnlichen Bergführerlebens in allen Einzelheiten festgehalten: von den Zielen, die er mit Seil und Haken angepeilt, über die Bergspitzen, die er bezwungen, bis zu den in Bergnot Geratenen, die er gerettet, und zu jenen vielen prominenten Klienten, die er sicher (und dafür meist fürstlich honoriert) ans Ziel geleitet hat. Die belgischen Könige Albert und Leopold, Prinzessin Maria José und die Filmregisseurin Leni Riefenstahl sind nur einige Namen aus der langen Liste derer, die sich auf ihren Dolomiten-Touren Tita Piaz anvertraut haben.

Und dann die Liste der Ereignisse im Leben des *Privat*mannes Tita Piaz, die sich gleichfalls allesamt in den geliebten Bergen zugetragen haben: von der Hochzeit in der Kapelle von Gardeccia bis zur Geburt von Tochter Carmela in der Vajolet-Hütte. Oder seine Versuche, die lange Winterpause mit der Reaktivierung des brachliegenden Fassataler Laientheaters zu überbrücken – ein Kapitel, das ihn wiederum von einer gänzlich anderen Seite zeigt: als gewieften Unterhaltungskünstler.

Nicht jedermanns Sache ist Titas rauher Charme. Melden sich zu seinen Bergtouren Klienten, die sich auf Anhieb als Nieten erweisen, so kann er furchtbar ausfällig werden, und bringen sie sich

Rebell und „Feuergeist": Giovanni Battista Piaz,
von seinen Freunden liebevoll „Tita" genannt

durch ihre Ungeschicklichkeit in Gefahr, so müssen sie sich zuallererst einmal eine geharnischte Strafpredigt anhören, bevor er sie aus ihrer mißlichen Lage befreit. Umgekehrt ist ihm jedes Druckmittel recht, seinen Sohn Furio, dem es an jeglichem alpinistischem Ehrgeiz fehlt, zur Bergsteigerei zu bekehren. Und Vertreterinnen des schönen Geschlechts, die ebendies, nämlich ihre mangelnde Schönheit, mit sportlicher Bravour zu kompensieren versuchen, sagt er unverblümt ins Gesicht, daß sie zwar begnadete Bergsteigerinnen, aber ansonsten von abschreckender Häßlichkeit sind. Auf seinen Rekord, in über hundert Fällen den Lebensretter gespielt zu haben, bildet er sich so wenig ein, daß er die ihm dafür verliehenen Medaillen achtlos wegwirft: Nach seinem Tod findet man sie auf einem Abfallhaufen im Kohlenkeller. Viel wichtiger ist diesem Tita Piaz, daß er seine diesbezüglichen Erfahrungen weitergeben und die Italiener endlich dafür gewinnen kann, ein alpines Rettungswesen aufzubauen.

Auch politisch wird er aktiv (und zahlt dafür so manchen Preis). Leidenschaftlich lehnt er sich gegen jede Art von Ungerechtigkeit auf – sein Herz schlägt links. Egal, wo er Unterdrückung sieht, ob unter den Habsburgern, unter Mussolini oder unter Hitler, erhebt er sein Wort gegen Willkür und Zwang. Die Folgen bleiben nicht aus: Im Ersten Weltkrieg steckt man Tita Piaz in eine Strafkompanie an der Ostfront, und die Faschisten verurteilen ihn zum Tod. Nur der Zusammenbruch des Systems bewahrt ihn vor der Vollstreckung des Spruchs. Als ihn daraufhin die Einwohner von Pera zu ihrem Bürgermeister wählen, ist eine seiner ersten Amtshandlungen die Freilassung seiner Widersacher, die inzwischen ihrerseits in Kerkerhaft schmachten.

Auch einem Kaliber wie Tita Piaz bleiben Katastrophen nicht erspart: Einen Absturz an der Südwand der Marmolada überlebt er nur mit knapper Not. Alpträume von Lawinen aus menschlichen Körpern, die, begleitet vom düsteren Krächzen ausgehungerter Raben, in die Tiefe sausen, reißen ihn in der folgenden Nacht aus dem Schlaf, und in sein Tagebuch trägt er den Schwur ein: „Meinetwegen mag ich an der Maul- und Klauenseuche, an der Beulenpest oder am Kindbettfieber sterben, aber unter keinen Umständen durch einen Absturz in den Bergen!"

Viele Jahre später – der Kalender zeigt den 5. August 1948 an, Piaz ist inzwischen knapp neunundsechzig – wird sein Wort von damals auf makabre Weise wahr: Auf dem Weg vom Pfarrhof zu seinem Wohnhaus verliert er infolge eines Bremsversagens die Herrschaft über sein Fahrrad, stürzt bewußtlos in ein offenes, die Dorfstraße säumendes Brunnenbecken und ertrinkt. Weder die alarmierten Anrainer, die zu erster Hilfe herbeieilen, noch die Bozner Spitalsärzte, die ihre ganze Kunst aufbieten, können den Verunglückten retten.

Nachher stellt sich heraus, in welcher Angelegenheit er an seinem Todestag unterwegs gewesen ist, und wieder ist man versucht zu sagen: typisch Piaz. Er hat dem Pfarrer von Pera einen namhaften Geldbetrag ausgehändigt – mit der Bitte, Hochwürden möge die wohltätige Spende einer notleidenden Familie im Dorf zukommen lassen.

Anonym, versteht sich.

WIE EINST IM MAI

Hermann von Gilm und Sophie Petter

In Meran kann man im Hotel Gilmhof absteigen, in Olang gibt's eine Gilm-Straße, in Bruneck gar einen Gilm-Platz und einen Gilm-Saal: In Tirol gilmt's an allen Ecken und Enden. Gesangsvereine intonieren Gilm-Lieder, in den Lesebüchern für die Grundschulen sind Gilm-Verse abgedruckt, und das Gilm-Grab auf dem Städtischen Friedhof zu Innsbruck ist noch immer – über hundertdreißig Jahre nach dem Ableben des Namensträgers – unter behördliche Obhut gestellt.

Ein Heimatdichter, der nur in seiner Heimat zählt?

Das war nicht immer so. Reclam in Leipzig hatte über Jahrzehnte eine Gilm-Gesamtausgabe im Programm, und überall, wo deutsch gesprochen wird, gibt es bis heute ältere Leute, die, ein intaktes Langzeitgedächtnis vorausgesetzt, zumindest Hermann von Gilms Allerseelen-Gedicht auswendig aufsagen können:

„Stell auf den Tisch die duftenden Reseden ...“

Auch wenn in den Gärten heute andere Blumen blühen: Als literarisches Requisit hat die gute alte Reseda wacker überlebt.

Und noch etwas hat überlebt, ohne daß wir wüßten, daß es eine Kreation dieses Hermann von Gilm ist: das geflügelte Wort „wie einst im Mai“. Es ist der Refrain jenes dreistrophigen Gedichts vom Friedhofsbesucher, der am Grab der Verblichenen noch einmal die Erinnerung an die Tage der Liebe heraufbeschwört – wie einst im Mai. Was uns wie ein sentimentaler Schmachtfetzen aus dem verstaubten Fundus der Operette anmutet, ist in Wahrheit ein versprengter Vers der deutschen Spätromantik, hinter dem sich im übrigen ein erschütterndes Zeitschicksal verbirgt.

Hermann Heinrich Rudolf Gilm, Ritter von Rosenegg, kommt am 1. November 1812 in Innsbruck zur Welt. Die Familie wurzelt im Alemannischen, hat ihren Stammsitz in Bregenz. Der Vater ist

Rat am Innsbrucker Appellationsgericht, die Mutter stirbt früh an der Schwindsucht. Auch Sohn Hermann soll die Beamtenlaufbahn einschlagen, studiert Jus in der Tiroler Hauptstadt.

Als er mit vierundzwanzig als Rechtspraktikant in den Staatsdienst eintritt, bleibt er gleichwohl bis auf weiteres aufs Elternhaus angewiesen: Der Posten ist unbesoldet. Auch an den Tiroler Kreisämtern, wo er Unterschlupf findet, ist für Verwaltungsbeamte seines Ranges kein Entgelt vorgesehen: Was sich aus heutiger Sicht so auskömmlich-abgesichert ausnimmt, ist zu dieser Zeit ein Hungerleiderdasein. Groß ist das Heer dieser ambitioniert-braven jungen Leute im damaligen Österreich, die dazu verurteilt sind, bis ins Mannesalter ihren Eltern auf der Tasche zu liegen – ohne baldige Aussicht, eine eigene Familie gründen und Frau und Kinder ernähren zu können.

Schwaz ist Gilms erste Station, jetzt wird er dem Kreisamt Bruneck zugeteilt. Und obwohl ihm sein Dienstzeugnis bescheinigt, „in allen Zweigen der praktisch-administrativen Verwaltung zur vollsten Zufriedenheit" gearbeitet zu haben, muß er sich auch an seiner neuen Stelle ein volles Jahr gedulden, ehe ihm von Amts wegen ein bescheidenes „Adjutum" von jährlich 300 Gulden zuerkannt wird. Es liegt nicht an den – ihm durchwegs wohlgesinnten – Vorgesetzten, sondern am „System", daß Hermann von Gilm, inzwischen ein Mann von einunddreißig, sich als armer Teufel durchfretten muß. Zu allem Unglück ein feuriger Liebhaber, der sich in so manches schmucke Bürgermädel verschaut, kann er nicht im Traum daran denken, um die Hand einer der Schönen anzuhalten: Mögen seine Gefühle auch noch so leidenschaftlich erwidert werden, bei deren standesbewußten Vätern würde er unweigerlich abblitzen.

Als er wieder einmal, frisch verliebt, solch eine schmerzliche Abfuhr erleidet, denkt er gar an Selbstmord. Was ihn schließlich davon abhält, ist seine dichterische Ader, die ihn in den Stand setzt, seine Frustrationen in gewisser Weise zu kompensieren: Hermann von Gilm, auch hierin kein Einzelfall zu dieser Zeit, flüchtet sich ins Gedicht. Was ihm das Leben vorenthält, erfüllt er sich in leidvollen Versen: Kann er schon nicht darauf hoffen, eine dieser Josephinen, Karolinen oder Theodolinden heimzuführen, so will er sie wenigstens auf dem Papier anhimmeln dürfen. Bis zu sechs Liebesgedichte schreibt er an einem Tag. Das Original behält er für sich, eine Abschrift wird für die Vergötterte angefertigt.

Der Betreffenden die ihr zugedachte Kopie zuzuspielen, ist bereits ein Kunststück für sich: Nicht einmal das gelingt immer …

Bruneck, das lebhafte Kreisstädtchen im Pustertal – hier, in diesen drei Jahren 1843 bis 1845, erwischt es ihn besonders arg. Hermann von Gilm ist auch in seiner äußeren Erscheinung ein Mann vom romantischen Typ. „Hochgewachsen, mager, nervig", so beschreibt ihn ein Kollege von der schreibenden Zunft. „Schwarze Locken, schwarze Augen; die große gebogene Nase über dem zurücktretenden Kinn gab ihm den Ausdruck eines Geiers; zufahrend, schusselig. Den romanischen Typus hatte er von seiner Mutter geerbt."

Gilm bewohnt ein Untermietzimmer im Braugasthof Kirchberger, hofseitig im ersten Stock; das Garten-Salettl, in das er sich zum Schreiben zurückziehen darf, wird später ehrfurchtsvoll die „Gilm-Laube" genannt werden. Die Mahlzeiten nimmt er – zum damals üblichen Monatsabonnement für finanziell Schlechtgestellte – in einer billigen Schenke ein. Als auch sein jüngerer Bruder Ferdinand nach Bruneck versetzt wird (der ungleich besser situierte Bezirksrichter bringt es in späteren Jahren bis zum stellvertretenden Landeshauptmann von Vorarlberg), wird er liebevoll in dessen Haus durchgefüttert.

Sein ganzes Glück ist der „Verein zum geselligen Vergnügen": Hier, wo sich – im girlandengeschmückten Saal des Gasthofs zum Goldenen Stern – das künstlerisch ambitionierte Bürgertum von Bruneck zu gemeinsamem Liedgesang, Deklamieren und Theaterspiel zusammenfindet, kann auch Gilm seine Talente entfalten: Man spielt Stücke wie „Das Nachtlager von Granada" und „Die Schuld", sogar an Grillparzers „Ahnfrau" wagt man sich heran. Gilm erstellt die Programme, leitet die Proben, spielt selber mit. Vieles von dem, was er rezitiert, stammt aus eigener Feder: Festprologe, Gelegenheitsgedichte. Seine Auftritte machen Eindruck: Im schwarzen Frack und schwarzer Hose, mit langem, schmalem, bleichem Gesicht bildet er, wie man in einem der Berichte nachlesen kann, „eine nahezu dämonische Erscheinung".

Unter den Mitwirkenden, die unter seiner Anleitung ihre Rollen einstudieren, hat es ihm besonders die jugendliche Liebhaberin der Brunecker Dilettantenbühne angetan: Sophie Petter. Sie ist vierzehn Jahre jünger als er, ebenfalls eine rassige Erscheinung, erinnert ihn im Typus an seine Mutter. Sie ist Vollwaise, der Vater

„Eine nahezu dämonische Erscheinung“: Hermann von Gilm

war Kreishauptmann in Kaltern, jetzt lebt sie – zusammen mit ihren zwei Geschwistern – unter der Obhut ihres Onkels Johann von Vintler, dessen Sippe im Brunecker Ortsteil Oberragen ein großes Haus führt.

Aber wieder ist es das gleiche alte Leid: Hermann von Gilm und Sophie Petter sind ein Liebespaar ohne jede Aussicht auf eine eheliche Verbindung; der arme Schlucker unternimmt gar nicht erst den Versuch, beim Vormund der wohlbehüteten Jungfer um deren Hand anzuhalten. Man trifft sich zu gemeinsamem Theaterspiel, zu Landpartien in größerer Runde, Intimitäten scheitern schon an dem bloßen Umstand, daß man immer in der Gruppe ist, sich jede traute Zweisamkeit verbietet. Neckereien und vielleicht einmal ein flüchtiger Kuß: Jedes Mehr bleibt Wunschtraum – und Stoff fürs nächste Gedicht. Es werden ihrer mit der Zeit so viele werden, daß sie einen ganzen Zyklus bilden: Die „Sophien-Lieder" nehmen in Hermann von Gilms Werk einen Sonderplatz ein.

> Schlingt dein Arm sich um den meinen,
> drück ich deine Hand so lind.
> Dann, Geliebte, will mir's scheinen,
> sei ich wiederum ein Kind.

Auch als Gilm von Bruneck Abschied nehmen muß und nach Rovereto versetzt wird, bleiben die beiden miteinander in Kontakt. Sehr oft wird er allerdings kaum nach Bruneck zurückkehren: Die Postkutsche braucht dafür zwei Tage, ist außerdem kostspielig, und schon gar nicht kann er sich die noch teurere Eilpost mit Pferdewechsel leisten.

1850 – Hermann von Gilm ist inzwischen ein Mann von achtunddreißig – leistet er endgültig Verzicht auf die ferne Geliebte, die ihrerseits eine standesgemäße Ehe eingeht und einem Herrn Vanoni nach Innsbruck folgt. Jetzt, wo sie vollends seinem Gesichtskreis entzogen ist, mag Gilm ihrer nur noch mit einem Allerseelengedicht gedenken – als läge sie schon unter der Erde. Es ist jenes unter den Sophien-Liedern, das als einziges überdauert – in Lesebüchern sowohl wie in einer Vertonung durch den Komponisten Eduard Lassen (einen Dänen, der es in späteren Jahren, von Franz Liszt gefördert, bis zum Hofkapellmeister von Weimar bringen wird):

„Stell auf den Tisch die duftenden Reseden": Sophie Petter

Stell auf den Tisch die duftenden Reseden,
Die letzten roten Astern trag herbei
Und laß uns wieder von der Liebe reden,
    Wie einst im Mai.

Gib mir die Hand, daß ich sie heimlich drücke,
Und wenn man's sieht, mir ist es einerlei;
Gib mir nur einen deiner süßen Blicke,
    Wie einst im Mai.

Es blüht und funkelt heut auf jedem Grabe,
Ein Tag im Jahre ist den Toten frei;
Komm an mein Herz, daß ich dich wieder habe,
    Wie einst im Mai.

Wer Hermann von Gilm, dem tausendfach Enttäuschten, einzig die Treue hält, ist das Städtchen Bruneck: Obwohl er nur drei Jahre seines Lebens dort zubringt, feiert man ihn bei jeder sich bietenden Gelegenheit als Brunecker, ist doch er es, dem die Perle des Pustertals eine Zeitlang den Ehrentitel „Klein Weimar" verdankt. Selbst heute, da der Rest der Welt keinen Dichter dieses Namens mehr kennt, ist in Bruneck und dessen Umland die Erinnerung an Gilm noch lebendig: In dem der Kultur geweihten Michael-Pacher-Haus, das an der Stelle des einstigen Gasthofs zum Goldenen Stern steht (wo Gilm den „Verein zum geselligen Vergnügen" zur Blüte brachte), trägt einer der Säle seinen Namen, und am Kirchberger-Haus in der Stadtgasse 62 ist auch wieder die alte Gedenktafel angebracht, die auf seinen Wohnsitz hinweist. Wie alles Deutschsprachige während der Faschistenzeit eliminiert, haben besonnene Männer sie vor Demolierung gerettet, in einem Kellerversteck gehütet und nach dem Krieg wieder hervorgeholt. Auch das Palais Vintler, wo Sophie Petter, von ihrem Onkel und Vormund vor unwürdigen Bewerbern geschützt, gewohnt hat, ist unschwer zu finden: Mag der einst stolze Ansitz in der Paul-von-Sternbach-Straße ansonsten noch so heruntergekommen sein, das Wappen überm Portal weist dem Spurensucher den Weg.

Mitten hinein ins romantische Treiben der Gilm-Clique führt ein Ausflug zur Kehlburg, der wenige Kilometer nördlich von Bruneck am Eingang des Tauferertals gelegenen Ruine eines von den Brixener Fürstbischöfen errichteten Ansitzes. Hier hat der berühmte Refrain „Wie einst im Mai" seinen Ursprung …

1. Mai 1844. Der „Verein zum geselligen Vergnügen" trommelt die Seinen zu einer Landpartie zusammen, wie sie Bruneck noch nicht erlebt hat. Achtunddreißig „Subskribenten" tragen sich in die Teilnehmerliste ein, Hermann von Gilm übernimmt die Regie. Mit zwanzig Maß Wein für die Herren und vier Flaschen Cypernwein für die Damen, zwanzig Stritzen Hausbrot, Sauerkraut und Speck, Knödelbrot und Salami, Lungenbraten und Kalbsschlögel, Pomeranzen, Guglhupf und Kaffee zieht man los zu fröhlichem Gelage; einem eigens dafür engagierten Lastträger obliegt der Transport von Geschirr und Besteck. Die Waldbeeren, die das Festmahl abrunden, und die Blumen, die es schmücken, werden unterwegs gepflückt. Man singt und musiziert, ergötzt sich an Gesellschaftsspielen, Gruppentänzen und Charaden, und was für den verliebten Gilm die Krönung ist: „Seine" Sophie wird von der ausgelassenen Runde zur Maienkönigin gekürt!

Klar, daß ein solches Spektakel auch seinen literarischen Niederschlag finden muß. Aber diesmal begnügt sich Gilm nicht mit einem bloßen Gedicht: Ein Singspiel muß es sein! Er nennt es „Der erste Mai", für Sophie fertigt er von dem Manuskript eine separate Abschrift an. Nichts, was für das Festefeiern jener Zeit typisch ist, fehlt in dem lyrisch-dramatischen Gebilde des Einunddreißigjährigen: weder der Stundenruf des Nachtwächters, der den Beginn des Wonnemonats verkündet, noch die Freudenschüsse, Glocken und Fahnen, die die Wanderer auf halbem Weg begrüßen, weder die Küchenmeisterin, die die Mädchen dirigiert, auf dem Rastplatz das Festmahl zu bereiten, noch das verliebte Paar, das auf der Suche nach einem Versteck vom Weg abkommt und von ortskundigen Jägern eingefangen werden muß.

Ritterspiel und Chorgesang beschließen die Veranstaltung, bei Einbruch der Dunkelheit wird der Rückweg in die Stadt angetreten. Ländlich-alpine Anklänge an den Dichterfürsten von Weimar sind unverkennbar: Vor sechsundvierzig Jahren hat Goethe sein Epos „Hermann und Dorothea", vor sechsunddreißig Jahren Fausts Osterspaziergang geschrieben.

Der noch originellere Ausflug, der dem Gilm-Spurensucher ans Herz zu legen ist, führt nach Bad Schartl – was bombastischer klingt, als es ist: Das aufgelassene Bauernbadl an einem der bewaldeten Berghänge oberhalb von Olang, einst ein Zwei-Stunden-Marsch von Bruneck, jetzt ein Katzensprung mit dem Auto, besteht aus nichts weiter als einem schlichten zweistöckigen Haus mit Holzveranda, einem Badeschuppen, einer Kegelbahn und einer Kapelle. Doch welch ein Idyll! Dies ist Hermann von Gilms Lieblingsplatz in seinen Brunecker Jahren, hierher wandert er mit seinen Kumpanen, hier trifft man sich zu Speis und Trank, und hier steigt man zum Bad in die hölzerne Wanne. Wiederum geht es streng sittsam zu; die alte „Badeordnung", die noch heute im Hausflur hängt, regelt sämtliche Eventualitäten:

„Um in jäh zustoßenden Fällen Hilfe zu leisten, wird stets Essig, Hofmann'scher Geist, Hirschhorngeist sowie in jedem Badezimmer eine Glocke vorhanden sein."

Und vor allem:

„Das Zusammenbaden von Personen verschiedenen Geschlechtes in einem Zimmer ist verboten."

Wieder also sind es Sehnsucht und Verzicht, Liebesleid und Schwärmerei, die den Ton der vom Schartl-Erlebnis inspirierten Lyrik bestimmen. Einige der „Schartl-Lieder" hängen bis zum heutigen Tag unter Glas an der Wand; eines hat der Dichter – im Zimmer Nr.1, das stets für ihn reserviert bleibt – gar in den Verputz gekritzelt. Über dem Haustor wird man später sein Porträt anbringen: Schartl und Gilm, sie sind eins.

Welch traute Liebeslaube wäre dieser paradiesische Platz! Doch ach, auch hier kann unser Dichter vom „Kuß, den ihre Lippe gab", vom „Haupt auf ihrem Schoße" und vom „Arm, der sich um meinen schlingt" nur träumen, und noch im Gedicht vom Krummschnabel, den die hartherzige Bäuerin nicht aus seinem Käfig in die Freiheit entläßt, findet Gilm einen Weg, sein eigenes ungestilltes Verlangen gleichnisartig zu artikulieren: „...und hat kein Ohr für seine Not."

An anderer Stelle seines Werks wird er deutlicher:

> Die Liebe kann die Berge niederlegen,
> und Brücken bauen können die Gedanken.

Für ihn, so weiß Gilm, hat nur die zweite Zeile Gültigkeit. Und in einem Brief an seine Schwester Caton spricht er es offen aus:

„Bin meines Junggesellenlebens herzlich müde. Mein einsames Zimmer kommt mir oft wie ein Sarg vor ..."

Ob er vielleicht gar schon den Keim der Todeskrankheit in sich spürt? Das gleiche „Lungenübel", das seine Mutter mit einunddreißig dahinrafft, befällt auch ihn. Doch mit ihm verfährt es gnädiger: Er erreicht wenigstens das 52. Lebensjahr.

Gilm-Verehrung allenthalben: Hier in Bad Schartl bei Bruneck

Auf dem Weg dahin türmen sich freilich neue Schwierigkeiten auf, als Gilm in seinen „Jesuitenliedern" die Tollkühnheit begeht, sich mit der Kirche anzulegen: Die ultramontane „Augsburger Postzeitung" richtet ihren Bannstrahl auf den aufmüpfigen Freigeist. Welcher gottesfürchtige Vater möchte seine Tochter einem solchen Tunichtgut anvertrauen?

Da kann es Gilm nur recht sein, daß er – wir schreiben inzwischen das Jahr 1847 – nach Wien versetzt wird: Eine Praktikantenstelle in der Hofkanzlei ist frei. Endlich heraus aus der Enge der Provinz! Doch alles hat seinen Preis: Gilms dichterische Tätigkeit erlahmt. Denn jetzt holt er nach, was er in jüngeren Jahren versäumt hat. Und wieder ist es seine Schwester Caton, der er sich anvertraut:

„Die Menschen sind hier ganz anders, so heiter, so glücklich. Man sieht nur lachende Augen und freundliche Blicke. An jeden Tisch kannst Du Dich setzen, mit jeder Dame sprechen, und nach einigen Worten gibt sie dir den Arm, und man führt sie spazieren."

Der Vierunddreißigjährige stürzt sich ins Großstadtleben. Er ist von all dem Neuen so enthusiasmiert, daß ihm fürs Verseschmieden keine Zeit bleibt. Statt dessen schreibt er Briefe. Zum Beispiel diesen – über einen seiner Sommersonntage in Wien:

„Um halb sieben kamen die ersten Sonnenstrahlen durch die Blumen meiner Fenster geschlichen. Ich stand auf und zog mich folgendermaßen an: Ein weißes Beinkleid, ein blau und weißes Gilet, gemacht à la Robespierre, eine Krawatte à la Jonville, ein schwarzer Quäker, ein weißer Hut, lackierte Stiefeletten und gelbe Handschuhe.

Auf der Straße lag brennender Sonnenschein, die Fiakerplätze leer, die Stellwägen werden mit Sturm genommen, denn kein Wiener bleibt am Sonntag in der Stadt. Ich stieg die Mölkerbastei hinan und hörte schon von weitem die Gervinus-Polka aus dem Paradiesgarten. Dieser liebliche Platz, umkränzt von Pfingstnelken und Vergißmeinnicht, war ganz überfüllt, nicht ein Strohsessel mehr zu bekommen. Die Sperlinge zwitscherten im Kipfel-Überfluß, den die wohltätigen Damen so reichlich spenden. Hier tanzen reizende Kinder, dort sitzt ein alter Herr im grünen Reitfrack und betrachtet mit dem Operngucker ein paar Dämchen, die einen Becher 'Granit' schlürfen.

Das Neueste und Reichste der Wiener Toilette ist hier ausgestellt, und mancher Hut muß morgen wieder zurückgegeben werden, weil ihn die Modehändlerin nur als Lockvogel auf dem Kopf ihrer ersten Arbeiterin ausgestellt hat.

Denkt Euch alle diese Menschen unter blühenden Kastanien und Akazien hoch auf der Bastei und ringsum das unvergeßliche Wien, das wagenrasselnde, und Ihr könnt Euch vielleicht ein schwaches Bild davon machen. Ich stieg hinab in den Volksgarten, der übersät war mit Kindern und Kindermädchen, die auf dem Rasen spielten und die Goldfische fütterten in den blumenumkränzten Bassins. In der Rotunde frühstückte ich; die Kaiserin Maria Theresia und ihr großer Sohn sahen mir freundlich ernst zu, und wenn nicht der junge Strauß gar so liebliche Walzer heruntergerissen hätte, wären mir gar ernste Gedanken gekommen."

In Wien bleibt Gilm – so wie in Bruneck – drei Jahre, dann folgt die letzte Station: Linz. Ein armer Schlucker ist er freilich immer noch: Ob als Sekretär der Statthalterei oder als Vorsteher des Präsidialbureaus, seine Einkünfte bleiben so gering, daß die bessergestellten Geschwister ihm wieder und wieder unter die Arme greifen müssen. Und als er schließlich mit neunundvierzig doch noch in den Stand der Ehe tritt, diese achtundzwanzig Jahre jüngere Marie Madeleine Dürnberger ihm einen Sohn schenkt und der überglückliche Vater, bei dem inzwischen die Lungenschwindsucht voll ausgebrochen ist, in Tirol zur Kur weilt, muß er der gerade dem Kindbett Entstiegenen einen Bettelbrief schreiben, sie möge ihm die 15 Gulden schicken, die er für die Heimreise nach Linz braucht.

Die Taufe des kleinen Rudolf, für die der Vormärz-Lyriker Anastasius Grün als Pate gewonnen werden kann, findet ohne den Vater statt: Erst als sein Stammhalter schon fast einen Monat alt ist, trifft Gilm in Linz ein. Die ersten Glückwünsche, adressiert an die junge Mutter, ergehen also brieflich: „Möge die Gnade des Himmels auf ihn fallen, daß er stark sei an Leib und Seele und glücklicher als sein Vater."

Die rasant fortschreitende Krankheit trübt Gilms spätes Familienglück, nach nur sechs Monaten schließt er für immer die Augen. Sein Leichnam wird auf heimatlichem Boden bestattet: auf dem Friedhof zu Innsbruck, Reseden schmücken sein Grab.

Es sind die nämlichen Blumen, denen er sein winziges Zipfelchen Unsterblichkeit verdankt – wie einst im Mai.

Der Mann mit den zwei Müttern

Albin Egger-Lienz und Maria Trojer

Wenn man Bozen über die alte Brennerstraße verläßt, zweigt
hinter dem malerischen Weindorf Rentsch, gleich nach der kleinen Rivelaun-Brücke, die kurvenreiche St.-Justina-Straße ab und
schlängelt sich den Ritten hinauf. Auch dem Auge, das sich an den
Schönheiten dieser Übergangslandschaft zwischen Stadtperiphe-
rie und Eisacktal sattgesehen hat, wird jener prachtvolle Ansitz
auffallen, der sich rechter Hand aus den Weingärten erhebt: Der
mattgelb getünchte Grünwaldhof mit seinem breit hingelagerten
Haupthaus und den weitläufigen Wirtschaftsgebäuden strahlt
auch heute noch, 770 Jahre nach seiner Gründung (und seit gerau-
mer Zeit in italienischem Besitz), jenes stolze Patriziertum aus,
das für die Weingüter der Region typisch ist.

Aber der Grünwaldhof ist *mehr*, und das ist dem Anwesen,
seitdem das ihm vorgebaute sechs mal neun Meter große Atelier
abgetragen ist, *nicht* anzusehen: Hier hat der Tiroler Maler Albin
Egger-Lienz von 1913 bis zu seinem Tod im November 1926 viele seiner berühmten Monumentalwerke geschaffen: „Die Namen-
losen", „Die Alten", „Generationen", „Kriegsfrauen", „Auferste-
hung", „Tischgebet".

„Ich glaube, ich habe gefunden, was wir brauchen", schreibt
der Fünfundvierzigjährige an seine Frau, als er im Frühjahr 1913
die Übersiedlung nach Südtirol in die Wege leitet. „Die halbe
Wohnung des Mittelgeschosses kostet jährlich 1000 Kronen: vier
Zimmer. Ich bin aber dafür, daß wir den ganzen Stock mit zehn
Zimmern nehmen (2000 Kronen), dann sind wir ganz für uns und
bezahlen auch nicht mehr als in Wien. Das Atelier muß ich auf
einem Teil der großen Terrasse selbst bauen; morgen kommt der
Architekt hinaus, und da wird die Sache an Hand einer Skizze
festgestellt. Es wird auch sonst viel restauriert werden, wobei ich
meine Wünsche zur Geltung bringen kann."

Was das „liebe, gute Weibi" noch mehr entzücken wird, ist der übrige Reichtum des Hauses und vor allem dessen unvergleichlich schöne Lage:

„Unser Wohnzimmer hat einen herrlichen Erker und daneben eine Loggia, wie sie idealer nicht zu denken ist. Ein herrlicher weißer Blütenstrauch umgittert auf der einen Seite den Bogen, auf der andern ist der Blick frei auf Bozen, Mendel und Überetsch. Vor dem schönen alten Sitz ist ein Weingarten, und ein großer Maulbeerbaum wird Dir Schatten spenden. Die Entfernung zur Stadt ist 20 Minuten; das muß man in Kauf nehmen, wo sonst alles klappt, nichtwahr? Nicht im entferntesten ist hier so etwas sonst zu haben. Ich glaube, da werden wir bleiben."

Ja, hier bleiben sie: Albin Egger-Lienz, Gattin Laura, die Kinder Fred, Lorli und Ila sowie das Personal, ohne dessen Mithilfe ein solcher Besitz nicht zu führen ist. Das riesige Atelier, nicht nur gartenseitig, sondern auch was den Großteil des Daches betrifft, aus Glas, enthält nichts, was nicht in unmittelbarer Beziehung zur Arbeit des Meisters stünde: der lange Zeichentisch, die Staffeleien, der einfache Stuhl. An der Wasserleitung wäscht er eigenhändig die Pinsel aus; der Dauerbrandofen macht die Werkstätte selbst an den kältesten Wintertagen benützbar. Der braune Holzboden ist über und über mit Farbtropfen bedeckt – hier muß auch die reinlichste Hausfrau kapitulieren. In allem Manuellen von überragendem Geschick, kommt Egger-Lienz ohne jede handwerkliche Hilfe aus, wenn es Probleme mit den Riesenformaten seiner Bilder gibt: Sogar die Zimmerleute beneiden ihn um seinen Werkzeugkasten.

Was ihm weniger liegt, ist Fremdsprachliches: Obwohl in späteren Jahren italienischer Staatsbürger, ist Egger-Lienz bei der Beschickung von Ausstellungen in Mailand oder Rom auf die Hilfe seiner Frau angewiesen. Sie ist es, die die Bildtitel übersetzt; Buchstabe für Buchstabe überträgt er sie mit dem Pinsel auf die Rückseite des Keilrahmens: „Il seminatore", „Il contadino", „La sorgente", „L'uomo", „Autoritratto", „La vita".

Interessenten gehen im Grünwaldhof aus und ein, wobei Egger-Lienz streng zwischen ernsthaften Käufern und bloß neugierigen Gaffern unterscheidet. Läßt er erstere, um ihnen die ungestörte Wahl zu erleichtern, gerne für längere Zeit im Atelier allein, so wendet er sich von jenen, die ihn nur anhimmeln und ihm die Zeit stehlen, schroff ab, indem er wortlos zu Pinsel und Farbtopf greift und weiterwerkt.

Obwohl ein Hüne von Gestalt und ein Gigant in puncto Schaffenskraft, erreicht Albin Egger-Lienz kein hohes Alter: Asthma, früh einsetzende Arterienverkalkung und schließlich eine Lungenentzündung raffen ihn mit nur achtundfünfzig dahin: In seinem Atelier am Bozner Stadtrand wird der Leichnam, von hunderten Wachskerzen angestrahlt, feierlich aufgebahrt.

Albin Egger-Lienz – unter diesem Namen kennt ihn die Kunstwelt, seitdem er im Sommer 1891 seinen ersten öffentlichen Auftritt hat. Er ist dreiundzwanzig, studiert an der Münchner Akademie, für den Katalog der Ausstellung im Glaspalast hat er an den Familiennamen den Namen seiner Geburtsheimat angehängt.

In Lienz hat Georg Egger, sein Vater, ein Fotoatelier. Auch er wäre gern Künstler geworden, doch fehlt's dazu am Studiengeld, und so bleibt es bei einer Reihe autodidaktischer Arbeiten als Kirchenmaler und Porträtist. Albin ist sein Erstgeborener, kommt in dem Osttiroler Weiler Stribach zur Welt, eine Gehstunde von Lienz entfernt. Die ersten Lebensmonate bleibt der Säugling in Pflege auf dem Lande, erst neun Wochen später heiraten die Eltern, und wiederum vergehen Monate, bis man in so wohlgeordneten Verhältnissen lebt, daß man den Stammhalter zu sich nehmen kann. Mutter Franziska, ebenso wie ihr Mann aus der Kärntner Grenzgemeinde Oberdrauburg stammend, bringt im Lauf der Jahre weitere drei Kinder zur Welt.

In der Lienzer Stadtwohnung geht's also lebhaft zu, und die Mittel, die junge Familie durchzubringen, sind knapp. Da wäre Albin auf seinem Pflegeplatz beim Ortner-Bauern in Stribach bestens aufgehoben: Hier soll er groß werden und seine Schulzeit absolvieren, bis man ihn – je nach Begabung – in die passende Lehre stecken kann. Doch eine lebensgefährliche Erkrankung gibt dem Fortkommen des jungen Erdenbürgers über Nacht eine völlig neue Richtung. Als die Mutter aus der Stadt herbeieilt, den mit qualvollen Halsbeschwerden ans Bett Gefesselten – Albin ist gerade ein Jahr alt geworden – zu besuchen, bricht ihr das Herz beim Anblick des kleinen Patienten: Wie können die Pflegeeltern ihn in diesem Zustand mit Brot füttern, das sich nur mit äußerster Not seinen Weg durch den entzündeten Schlund bahnt? Gewiß, es sind gute Leute, und sie wissen's nicht besser. Auch neigt man auf dem Lande zu dieser Zeit in puncto Kleinkindpflege zu Fatalismus: Als lebensfähig gilt nur, wer im Krankheitsfall ohne großes Zutun durchkommt.

Mutter Franziskas Entschluß steht spontan fest: Der Bub muß von hier weg. Sie nimmt ihn mit, mit nach Lienz, mit ins gemeinsame Heim. Und hier übersteht er die Krise, wird gesund, wächst zusammen mit seinen nach und nach zur Welt kommenden Geschwistern auf, durchlebt die gleiche Kindheit wie sie.

Mit sechs kommt er in die von Franziskanerpatres geführte vierklassige Lienzer Volksschule. Albin ist kein guter Schüler: Rechnen ist ihm ein Greuel, noch am ehesten liegt ihm Geschichte. Und vom Zeichnen hat er gänzlich andere Vorstellungen als der Herr Lehrer: Statt der vorgeschriebenen strengen Übungen malt er, was ihm während des Unterrichts an Motiven in den Blick kommt, in sein Heft, und Pater Augustin muß den ungezügelt Drauf-

Glückliche Kindheit: Der kleine Albin (rechts) mit seinen Halbgeschwistern Anna und Eduard, um 1873

loskritzelnden mehr als einmal mit einer kräftigen Tachtel aus seinen Träumen zurückholen.

Auch sonst schlägt das künstlerische Erbe des Vaters bei ihm durch: Albin ist ein begeisterter Chorsänger. Wenn beim Hochamt sein Knabensopran sich mit den Bässen der Patres und dem Dröhnen der Orgel vermengt, geht's dem kleinen Kerl durch Mark und Bein. Und auch die Natur wird schon dem Halbwüchsigen zum tiefen Erlebnis: Sooft er von seinen Streifzügen durch die Wälder heimkehrt, verkriecht er sich in den hintersten Winkel des Hauses und schreibt darüber ein Gedicht. Oder bringt eine Bleistiftzeichnung mit heim, die er unterwegs angefertigt hat.

Noch während des letzten Schuljahres sind seine ersten Skizzenbücher prall gefüllt, und als er zu Ostern 1882 mit vierzehn sein Entlassungszeugnis ausgehändigt erhält, findet er in seinem Vater, dem es selber versagt geblieben ist, die Künstlerlaufbahn einzuschlagen, einen ebenso verständnisvollen wie tatkräftigen Mentor, der seinen Zögling mit allem Eifer zum Zeichnen anhält. Die rund 200 Studienblätter, die unter seiner Anleitung in den folgenden beiden Jahren entstehen, bilden ein vortreffliches Rüstzeug für das große Wagnis, Albin Egger den Sprung nach München versuchen zu lassen: Am 15. Oktober 1884 immatrikuliert sich der knapp Siebzehnjährige an der dortigen Kunstakademie.

Jetzt geht alles den vorgeschriebenen Weg: Antikenklasse, Naturklasse, Komponierklasse; in der Alten Pinakothek werden die niederländischen und die flämischen Meister kopiert. Franz von Defregger nimmt sich des hochtalentierten Landsmannes an, Kollege Eduard Thöny wird ihm zum Freund. „Karfreitag" und „Die Heilige Familie" zählen zu den ersten selbständigen Arbeiten, die mit Medaillen ausgezeichnet werden. Mit fünfundzwanzig verläßt Albin Egger die Akademie, in der Findlingstraße, nahe dem Stadtzentrum, bezieht er sein erstes eigenes Atelier. Freischaffender Maler in der Kunstmetropole München: Albin Egger sieht sich am Ziel seiner Wünsche.

Was er darüber dennoch keinen Augenblick vergißt, ist die geliebte Tiroler Heimat: Regelmäßig verbringt er die Sommermonate im Elternhaus, fährt heim nach Lienz. Niemals geht Vater und Sohn bei ihren gemeinsamen Wanderungen der Stoff aus, beide kennen nur *ein* Thema: die Malerei.

Bloß einmal – Albin ist zum dritten Mal auf Heimaturlaub in Lienz – wechseln sie es, nimmt der Vater seinen Erstgeborenen zur Seite und holt, sichtlich bewegt, zu einer bedeutsamen Erklärung aus:

„Mein lieber Albin, du bist jetzt alt genug, daß man dich mit ernsten Dingen vertraut machen kann. Die du zeit deines Lebens dafür gehalten hast, ist nicht deine leibliche Mutter. Deine leibliche Mutter, die eine vorzügliche Frau ist, lebt – soviel ich weiß: glücklich verheiratet – in der Fremde. Das Schicksal hat es nicht gewollt, daß wir uns für immer verbinden.

Wieso wir es dir verschwiegen haben? Damit du niemals spüren solltest, daß deine wahre Mutter nicht bei dir ist. Aber ist es

154

„Eine vorzügliche Frau": Albins leibliche Mutter Maria Trojer

nicht so, daß du an deiner Ziehmutter immer einen vollen Ersatz gehabt hast?"

Albin Egger treten die Tränen in die Augen: Wahrhaftig, er hat von nichts gewußt. Aber es sind nicht Tränen der Enttäuschung, sondern Tränen der Dankbarkeit: Nicht einen Augenblick lang hat in all den Jahren die Frau, die er stets für seine leibliche Mutter gehalten hat, ihn spüren lassen, daß dem nicht so war. Keine Frau hat jemals ihr Kind herzlicher gepflegt als diese, die doch immer nur seine Stiefmutter gewesen. Als er ihr am Abend nach dem väterlichen Geständnis gegenübertritt, kommt es zu einer bewegenden Szene im Hause Egger: Die beiden sinken einander in die Arme, der Ziehsohn sagt seiner Ziehmutter Dank, und von Stund an ist ihrer beider Beziehung, schon bisher von inniger Liebe geprägt, noch inniger, noch enger: Jeden Wunsch wird sie fortan ihrem Sohn, der ihr Sohn nicht ist, vom Mund ablesen. Auch sein natürliches Verlangen, endlich nach so vielen Jahren die leibliche Mutter kennenzulernen, kann das ideale Verhältnis zu seiner Stiefmutter nicht im mindesten trüben. Fragt sich nur, was aus seiner leiblichen Mutter geworden sein mag, wie er sie ausfindig machen, wo er sie treffen kann?

In Stribach, wo sie ihn am 29. Jänner 1868 als uneheliches Kind zur Welt gebracht und die ersten Monate seines Lebens gehütet hat, ehe er im Alter von einem Jahr der Stiefmutter überantwortet und mit neun vom Vater adoptiert worden ist, lebt sie nun schon eine ganze Weile nicht mehr. Maria Trojer – so ihr Mädchenname – ist die Tochter eines Bauern aus dem zehn Kilometer von Lienz entfernten Weiler Stribach; das Porträt, das Albins Vater von seiner Kurzzeitgeliebten ein Jahr vor der Geburt des Sohnes gemalt hat, zeigt eine dunkelhaarige Schönheit von madonnenhaftem Gesichtsausdruck. Albin selber kann sich nur schwach an jene freundliche Person erinnern, die ihn, so oft er als Kind nach Stribach hinauswanderte, bei seinen Besuchen immer so besonders liebevoll umsorgte – heroisch verleugnend, daß sie seine Mutter war. Einmal hat sie ihm einen Knäuel dunkelvioletter Wolle zugesteckt: „Für Winterstrümpfe." Wie stolz hat er sie, von der ungewöhnlichen Farbe hell entzückt, getragen!

Damals – so war es zwischen Vater, Mutter und Stiefmutter ausgemacht – durfte an das große Geheimnis mit keinem Wort gerührt werden. Jetzt aber weiß Albin Egger-Lienz, der bis zu seinem neunten Lebensjahr Ingenuin Albuin Trojer geheißen hat,

Bescheid, und jetzt will er seine wahre Mutter endlich in die Arme schließen.

Aber wo und wie?

20. Jänner 1895. Albin ist wieder in München, hat gerade ein neues großes Werk in Arbeit, sitzt über der Grau-in-Grau-Grundierung des „Ave"-Gemäldes. In wenigen Tagen wird er seinen siebenundzwanzigsten Geburtstag feiern. Als er abends in sein Atelier zurückkehrt, findet er einen Brief vor. Eine Freundin seiner leiblichen Mutter teilt ihm in knappen Worten mit, daß sich diese, an Lungenentzündung erkrankt, in kritischem Zustand in Spitalspflege befinde. Wenn er es irgend einrichten könne, möge er zu ihr ans Krankenbett eilen – vielleicht sei es das erste und zugleich letzte Mal, daß er sie lebend antreffe. Die Adresse: Ospedale Maggiore, Mailand.

Die Umstände könnten ungünstiger nicht sein: Albin Egger-Lienz, der sich all die Jahre ohne Stipendium in München durchbringen und jede sich bietende Erwerbstätigkeit annehmen muß, ist wieder einmal knapp bei Kasse; auch gilt es keine Zeit zu verlieren. Binnen einer Stunde ist er reisefertig, besteigt den Zug nach Italien. Nie ist ihm die Fahrt über den Brenner so lang vorgekommen wie diesmal, weder für die Schönheit der tiefverschneiten Alpenlandschaft hat er Augen noch für die Reize der Zwischenstation Verona: Alle seine Gedanken sind bei der mittlerweile wohl fünfzig Jahre alten Frau, der er in wenigen Stunden gegenübertreten soll – seiner Mutter!

Gegen Mittag trifft Albin in Mailand ein, hastig fragt er sich nach dem Krankenhaus durch. Als er, überwältigt von der Majestät des marmornen Doms, auf dessen höchstem Turm die Figur der Namenspatronin seiner Mutter erblickt, löst sich ein Stoßgebet von seinen Lippen: Maria, hilf! In dem riesigen roten Backsteinbau des Ospedale Maggiore wird er in einen kreuzförmig angelegten, vielfenstrigen Krankensaal gewiesen; eine der Barmherzigen Schwestern, denen der Pflegedienst obliegt, nimmt den Siebenundzwanzigjährigen bei der Hand und führt ihn ans Bett seiner Mutter, und sie tut es auf eine so unbeschwert-liebevolle Weise, daß Albin in diesem Augenblick weiß: So müssen Engel ausschauen …

Auch die Begegnung mit der Mutter nimmt einen glücklichen Verlauf: Da ist nichts von Betretenheit, nichts von Krampf – und vor allem: Es geht schon wieder aufwärts mit ihr, die Lebensgefahr ist gebannt, bald wird die Patientin entlassen werden und ihren häuslichen Pflichten nachkommen dürfen.

Leichten Herzens kann Albin die Rückreise nach München antreten. Sein schönstes Mitbringsel aus Mailand: Am Krankenbett hat er Skizzenbuch und Bleistift aus seiner Reisetasche hervorgeholt und in aller Eile von der Mutter eine Zeichnung angefertigt. Die weitgeöffneten dunklen Augen, der volle Mund und das zum Kranz geflochtene Haar, Kopfpolster, Bettstatt und Fensterrahmen – es ist das erste Bild, das er von ihr hat, und es ist ein Bild von seiner Hand.

Maria Trojer werden noch beinahe zwanzig Lebensjahre vergönnt sein. Doch stirbt im Jahr darauf Franziska Egger, die Ziehmutter; in Lienz wird sie am 14. November 1896 zu Grabe getragen.

Die Verbindung zwischen Mutter und Sohn, ein halbes Menschenleben lang unterbrochen, bleibt also fortan aufrecht, auch wenn wir über Häufigkeit und Verlauf der Begegnungen nur wenig wissen. Im Juni 1905 – Maria Trojer und ihr Mann sind nach Österreich heimgekehrt, leben jetzt in Seebach bei Villach – lernt Albin Egger-Lienz auch seinen Stiefvater kennen. Er schildert ihn als einen „biederen, treuherzigen, braven Maschinenmeister in einer nahen Fabrik", der den Besucher, nachdem er sich von der Mutter verabschiedet hat, auf dem Rückweg nach Villach begleitet. Dann, zwei Jahre später, wenige Tage vor dem Ableben seines Vaters Georg Egger, abermals ein Krankenbesuch: Maria Trojers Gesundheitszustand ist und bleibt labil.

Auch scheint es in jüngster Zeit Eheprobleme zu geben. Als sie am 13. April 1911, inzwischen wieder in ihrem Osttiroler Heimatort Stribach ansässig, dem Sohn für seine Geldzuwendungen dankt, macht sie Andeutungen, daß ihr Lebensgefährte sie im Stich gelassen hat:

„Von meinem Mann kein Schreiben und noch viel weniger ein Heller Geld. Gott wolle geben, daß er nicht kommt."

Das bedeutet freilich, daß Maria Trojer jetzt in noch kargeren Verhältnissen lebt als schon zuvor:

„Lieber Albin! Geld habe ich wohl noch, aber wenn es Dich nicht hart ankommt und es Dir möglich ist, so bitte ich wohl, daß Du mir was schickst – mein Mann wird nie erfahren, was Du mir gibst. Der liebe Gott hat mir ein gutes Kind geschenkt, das für

158

„... daß Gott es Dir vergelte, was Du an Deiner Mutter getan":
Maria Trojer, 1912

mich sorgt im Alter. Alle Tage meines Lebens werde ich für Dich
beten und Gott bitten, daß er Dir vergelten soll, was Du an Deiner
Mutter getan."

Ihre Ansprüche sind gering:

„Ich bin so halbwegs gesund, die häuslichen Arbeiten kann ich
schon machen. Nur bin ich immer so schwach, kann nicht viel
essen. Aber Wein kaufe ich mir hie und da einen halben Liter, das
kräftigt mich. Sonst vertrage ich nur leichte Speisen."

Als er anderthalb Jahre später nochmals zu Besuch nach
Stribach kommt, trifft Albin Egger-Lienz eine verhärmte alte Frau
an, in deren harten Gesichtszügen sich ihr entbehrungsreiches

Dasein spiegelt. Mit schwarzer Kreide hält er das geliebte Antlitz in seinem Skizzenbuch fest: Das linke Auge scheint erblindet.

Auch von Bozen aus – im Sommer 1913 übersiedelt Egger-Lienz mit seiner Familie von Weimar, wo er zuletzt zwei Semester an der Akademie unterrichtet hat, nach Südtirol – gedenkt er seiner alten Mutter, verbindet eine Bergwanderung im Defereggen mit einem Abstecher in den Geburtsort. Das letzte Beisammensein führt ihn wieder – so wie schon das erste, damals in Mailand – ans Spitalsbett: Maria Trojer liegt mit Lungenschwindsucht im Lienzer Krankenhaus, und diesmal ist ihr Zustand ernst.

29. April 1914. Von 14 bis 16 Uhr ist Besuchszeit, eine Viertelstunde läßt man Albin Egger-Lienz ans Sterbebett der Mutter. Zuerst „ganz abwesend", erkennt sie ihren Sohn schließlich doch, man wechselt einige wenige Worte, nimmt voneinander Abschied. Tief erschüttert schreibt er an seine Frau:

„Aufgehoben ist sie sehr gut. Aber es ist für die Arme besser, wenn sie bald erlöst wird. Ich habe alle Anordnungen getroffen, welche notwendig sind, denn es kann jede Stunde der Fall eintreten …"

Am 2. Mai ist es soweit: Die Neunundsechzigjährige stirbt. Auf dem Lienzer Friedhof, in nächster Nähe der Grabstätte seines Vaters, läßt Albin Egger-Lienz sie bestatten. „Hier ruht meine vielgeprüfte Mutter", lautet die Grabinschrift. „Friede ihrer Asche."

UNHEILBAR

Paul Heyse und Margarete Kugler

Stellen Sie sich vor, Sie sind Schriftsteller, Ihre Frau erkrankt lebensgefährlich, alles, was an ärztlicher Hilfe verfügbar ist, haben Sie mobilisiert. Verzweifelt müssen Sie mitansehen, wie die Ärmste von Tag zu Tag mehr verfällt, und Sie dürfen sich Ihre Verzweiflung darüber nicht anmerken lassen. Noch mehr Zärtlichkeit werden Sie ihr zuwenden, weiter können Sie nicht viel tun.

Oder doch? Paul Heyse unternimmt den Versuch, auch mit seinen ureigensten, also mit schriftstellerischen Mitteln den Kampf gegen die Todeskrankheit aufzunehmen: Er schreibt gegen sie an, verfaßt eine Novelle, deren Heldin das gleiche Schicksal erleidet wie seine Frau und läßt die Geschichte mit einem Wunder enden: Die von den Ärzten längst Aufgegebene wird gesund!

Was der Dichter damit bezweckt, bedarf keiner Erklärung: Seine Frau soll, wenn sie das jüngste Werk ihres Mannes in die Hand bekommt, aus dessen Lektüre neuen Lebensmut schöpfen. Was, wenn der Versuch tatsächlich den Krankheitsverlauf positiv beeinflußte? Es wäre nicht nur ein einzigartiger Akt der Liebe, sondern auch ein Triumph der Literatur über die Wirklichkeit. Ist so etwas denkbar?

Schon allein um dieses ungewöhnlichen Experiments willen sollte endlich wieder einmal an jenen Dichter erinnert werden, der ansonsten heute total vergessen ist: Paul Heyse.

Dabei ist er der erste Autor deutscher Sprache, der mit dem Literaturnobelpreis ausgezeichnet wird: 1910. Er ist gerade achtzig geworden, als die Schwedische Akademie ihm für seine „vollendete und von idealer Auffassung getragene Künstlerschaft, die er während einer langen und bedeutsamen Tätigkeit als Lyriker, als Dramaturg, als Romanschriftsteller und als Dichter weltberühmter Novellen bewiesen hat", huldigt. In jüngeren Jahren einer der Lieblingsautoren des breiten Publikums, wird er seit 1880 von den Vertretern des aufkommenden Naturalismus aufs heftigste attackiert. Selbst Freund Fontane überschüttet den elf Jahre Jüngeren mit Spott: „Alle zwei Jahr ein Kind, alle Jahr ein Drama, alle halb Jahr eine Novelle." Und Thomas Mann wird ihn später als einen „fast unanständig fruchtbaren Epigonen" abkanzeln.

Die heutigen Lexika fertigen Paul Heyse mit drei Zeilen ab, und selbst im Katalog der großen Ausstellung, mit der die Bayerische Staatsbibliothek dem „Münchner Dichterfürsten des bürgerlichen Zeitalters" 1981 huldigt, steht der tödliche Satz: „Sein Werk wird keine Wiederauferstehung erleben." Begründung: „Zu sehr sind die meisten seiner Verserzählungen und Gedichtzyklen, die lange Reihe seiner nach Belieben entworfenen Dramen und die noch längere Reihe seiner Romane und Novellen in ihrer Zeit verhaftet."

Paul Heyse ist Berliner, stammt aus gutbürgerlichem Haus, sein Vater ist ein renommierter Linguist. Schon bei der Taufe des am 15. März 1830 Geborenen geht's hochliterarisch zu: Joseph von Eichendorff ist sein Pate. In Berlin und Bonn studiert Heyse Philologie, nach erfolgter Promotion begibt er sich auf Bildungsreise nach Italien, in den Bibliotheken von Rom, Venedig und Florenz entdeckt er seine Liebe zur Kunstgattung Novelle. Noch in den Schülerjahren gerät er über Vermittlung des fünfzehn Jahre älteren Emanuel Geibel in den Kreis des angesehenen Berliner Kunsthistorikers Franz Kugler, der Berühmtheiten wie Theodor Fontane, Joseph von Eichendorff und Jacob Burckhardt um sich schart. Adolph Menzel hat Kuglers „Geschichte Friedrichs des Großen" illustriert.

Geheimrat Kugler und Gattin Clara, letztere ein Sprößling des Chamisso-, Zacharias-Werner- und E. T. A.-Hoffmann-Freundes Eduard Hitzig, führen ein gastliches Haus. Margarete, ihre einzige Tochter, ist noch „ein übermütiges Schulkind in kurzen Röcken und wehenden Haarschleifen", als der vier Jahre ältere Gymnasiast Paul Heyse in den Kugler-Kreis Aufnahme findet. Es ist die Zeit, da Berlin noch nicht den Traum von der Weltstadt träumt: Ungeladen darf man an die Tür klopfen, ohne die Hausfrau in Verlegenheit zu bringen; die Bewirtung ist einfach, aber herzlich: Butterbrot und Tee.

Paul Heyse und Margarete Kugler sind fast noch Kinder, als sie sich heimlich miteinander verloben, und auch im Mai 1851, als sie damit endlich vor den Eltern herausrücken, ist er ganze ein-

Heyses „Borsdorfer Apfel": Margarete Kugler

undzwanzig und sie ein Mädchen von siebzehn. Seinen „Borsdorfer Apfel" nennt er das junge Ding, dem er eben noch Märchen vorgelesen, die ihm mit harmlosen Backfischneckereien geantwortet und die sich inzwischen zu einem ebenso klugen wie warmherzigen Wesen gemausert hat, ohne das er sich sein künftiges Leben kaum noch vorstellen kann. „Sie als die Frau eines anderen zu sehen", wird er später in seinen Jugenderinnerungen eingestehen, „schien mir ein unerträglicher Gedanke."

Am 15. Mai 1854 wird geheiratet. Und von Berlin nach München übersiedelt. Denn der vierundzwanzigjährige Paul Heyse hat das große Glückslos gezogen: König Maximilian II. von Bayern, den schönen Künsten zugetan und von der fixen Idee besessen, seine Residenz mit einer Art Goethe-Ersatz auszustatten, holt sich den jungen Dichter, allen noch so heftigen Anfeindungen gegen das „Nordlicht" trotzend, als Fürstenberater und Poeta laureatus an den Hof, und Heyse dankt Seiner Majestät für die ehrenvolle Berufung, indem er für ihn literarische Abendtees organisiert, in dem von ihm gegründeten Künstlerzirkel „Krokodil" Maler und Schriftsteller um sich schart und sich auch in seiner eigenen schriftstellerischen Produktion kräftig ins Zeug legt und alle Quantitätsrekorde seiner Zeit bricht.

Auch der Privatmensch Paul Heyse darf zufrieden sein: Gattin Margarete macht ihn zum vierfachen Vater. Auf Franz, den Erstgeborenen, folgen Clara, Julie und Ernst. Wenn er in den Briefen an die Eltern von seinem neuen Leben in München berichtet, spart er nicht mit Lob für seine Frau, wobei es dem Gesellschaftsmenschen Heyse insbesondere schmeichelt, wenn Margarete bei den diversen Künstlerfesten, die man gemeinsam besucht, vorzügliche Figur macht. „Grete liegt noch zu Bett und träumt mit offenen Augen von ihren gestrigen Siegen", schreibt er nach einer Redoute im Hause des Botanikers Hofrat Martius. „Sie hatte das schönste blauseidene Kleid, die schönste schwarze Wolke, die schönste Brosche und nicht die häßlichsten schwarzen Augen an, und der Herr, der sie zu Tische führte, hat ihr gesagt, wie sie denn schon verheiratet sein könne, ihre Hand sei ja noch nicht einmal ausgewachsen."

Erste kritische Töne kommen von Freundesseite – etwa wenn Fontane an „Gretchen" Anzeichen „nicht ganz unbedrückten Gemüts" wahrnimmt: „Sie leidet an Kongestionen. Der Tod des Vaters und die stille Trauer der Mutter werfen wohl einen leisen Schleier über ihr Gemüt, einen Schleier, der nicht Bestand haben würde, wenn die arme junge Frau mehr Zerstreuung hätte. Sie lebt aber, glaube ich, sehr häuslich und eingezogen; ein recht paßlicher Umgang will sich nicht finden. Dazu kommt Pauls Engagiertsein in Arbeiten und Plänen; er hat nicht viel Zeit für die Liebe."

Eine dramatische Verschlimmerung ihres Zustandes tritt nach der vierten Niederkunft ein: April 1861. Sieben Jahre sind die Heyses nun verheiratet, Margarete ist siebenundzwanzig. „Zum erstenmal", so wird der Dichter später die Katastrophe schildern, „konnte sie sich von der Erschöpfung des Wochenbetts nicht erholen, und bald stellten sich Symptome eines tieferen Leidens ein, die uns Mitte Juli nötigten, auf den Rat der Ärzte die frischere Luft von Tegernsee aufzusuchen. Die erhoffte Besserung blieb aus. Wir mußten uns entschließen, Mitte September nach Meran zu übersiedeln, und es begann für meine arme Geliebte, die ihre drei jüngeren Kinder unter der Obhut der Großmutter in München hatte zurücklassen müssen, eine Leidenszeit, der selbst die Kraft ihrer tapferen Seele nicht immer gewachsen war."

Am 19. September 1861 treffen laut Kurliste (in die „nur jene Fremden aufgenommen werden, die länger als fünf Tage sich im Kurbezirk aufhalten") „Dr. Paul Heyse, Schriftsteller, mit Familie und Dienerschaft" in Meran ein. Die nachmals so berühmte Kurstadt ist noch in ihren Anfängen: Die Heyses, zu neunt aus München anreisend, sind unter der Nummer 6 registriert. In der Villa Atzwang in Obermais beziehen sie Quartier. Die von den Gräflich Nostitz'schen Erben geführte Fremdenpension oberhalb von Schloß Rottenstein, also in einer der schönsten Lagen Merans, umfaßt drei Gebäudeteile: das eigentliche Gästehaus, den Personaltrakt und die Stallung für die Droschkenpferde.

Später in „Abendheim" umbenannt (und heute ein postmodern-alpin adaptiertes Privathaus mit lauschigen Balkons, türmchengekröntem Stiegenhaus und überragendem Rundblick), ist die Villa Atzwang zu dieser Zeit eine der ersten „Fremdenwohnungen" in Obermais. In Anbetracht des sich kontinuierlich verschlechternden Gesundheitszustandes werden Margarete Heyse und die Ihren sie ein volles Jahr belegen. Im März 1862 kommt Geheimrätin Clara Kugler, die seit vier Jahren verwitwete Mutter der Patientin, zu Besuch, im August folgt weitere Verwandtschaft, und auch sie steigen allesamt in der Villa Atzwang am Neuhäuslweg ab.

Die Meraner Kureinrichtungen umfassen neben der Trinkhalle und den Spazierwegen an der sogenannten Wassermauer auch bereits eine Lesestube, in der „achtzehn politische, belletristische und illustrierte Blätter" zum Gebrauch aufliegen, eine „wenigstens zweimal in der Woche" aufspielende Kurkapelle sowie Tragsessel und Rollwägen, die „nach festgesetzter Taxe" der Kurdiener bereithält.

Was ist es, woran Margarete Heyse laboriert?

Hausfreund Theodor Fontane, der sich brieflich erkundigt, tippt auf eine nervöse Störung, „die zu keiner besonderen Besorgnis Anlaß gibt".

Paul Heyse klärt ihn auf:

„Liebster Freund, Du bist sehr irrig in Deiner tröstlichen Meinung, daß der ganze Spuk allein in den Nerven gesessen habe. Nerven schickt man nicht weg von München; mit denen wäre

Die Villa Atzwang in Meran-Obermais heute

auch Tegernsee bequem fertiggeworden. Es handelte sich geradezu um Leben und Sterben! Jetzt halten wir freilich an schönen, sicheren, täglich wachsenden Hoffnungen. Meine arme Liebste blüht sichtbar wieder auf, die örtlichen Untersuchungen geben von Mal zu Mal ein besseres Resultat, die Kräfte steigen, und wenn auch der Husten noch immer nicht beseitigt ist, so ist natürlich selbst eine genesende Lunge noch reizbar, und selbst die geheilte wird eine Zeit lang großer Schonung bedürfen."

Margarete Heyse leidet an Lungenschwindsucht. Und ihr Mann, davon aufs schwerste in Mitleidenschaft gezogen, an Schreibhemmungen:

„Solange Furcht und Hoffnung wechselten, fast den ganzen Winter hindurch, konnte ich auf einige Stunden des Tages mich zu einer Arbeit sammeln. An ‚Ludwig der Bayer' wurde letzte Hand gelegt, zwei ‚Meraner Novellen' entstanden, die Versnovelle ‚Rafael' wurde fürs Münchner Dichterbuch ins reine gebracht – es gab gute, sonnige Stunden, wo man nach einem vom Arzt bestätigten Trugschein der Besserung aufatmete und sich der Freude an diesem schönen Fleck Erde hingab."

In einem dieser Momente kommt Paul Heyse die Idee, er könnte den Versuch unternehmen, seinen Beruf in den Dienst der Medizin zu stellen und den Heilungsprozeß seiner Frau dadurch zu fördern, daß er den verzweifelten Kampf einer jungen Schwindsüchtigen zum Gegenstand seiner nächsten Novelle macht und seine schon von den Ärzten aufgegebene Heldin über ihre Krankheit siegen läßt. Vielleicht würde – lange vor der Zeit, da Psychosomatik und Psychotherapie Eingang in die Wissenschaft gefunden haben – die Lektüre dieses Textes Margaretes Überlebenswillen stärken, zu ihrer Heilung beitragen?

„Unheilbar" setzt er als Titel über die 94-Seiten-Novelle (die 1854 im Druck erscheinen wird), und damit die „Adressatin" der Erzählung diese auch tatsächlich auf sich bezieht, lehnt der Autor sich in der Porträtierung der Ich-Erzählerin Marie stark an die wirklichen Ereignisse an. Ort und Zeit, Tagesablauf und Stimmung – alles schaut Paul Heyse der an seiner Seite dahinsiechenden Frau ab. Nur der Kunstgriff, mittels dessen er sie gegen Ende der Geschichte wie durch ein Wunder genesen läßt, ist Beschwörung, Hoffnung, Fiktion.

Während Paul Heyse und sein Anhang standesgemäß in der vornehmen Villa Atzwang in Obermais logieren, muß die Protagonistin der Novelle „Unheilbar" mit bescheideneren Verhältnissen vorliebnehmen: einem Untermietzimmer im Haushalt eines Schneidermeisters nahe dem Meraner Stadtzentrum, mit Blick auf Untermais. Es ist das Viertel rund um die Habsburgstraße (die heutige Freiheitsstraße):

„Meine Wirte sind sehr arm, der Mann arbeitet bis in die Nacht hinein, die Frau hat alle Hände voll mit den vielen Kindern zu tun, im Haus sieht es düster und unfreundlich aus. Wie ich zuerst mit dem Hoteldiener, der mir diese Wohnung nachwies – wahrscheinlich, weil er aus meinem einfachen Anzug auf meine Kasse schloß –, die langen dunklen Gänge und trüben Höfe durchschritt und die baufällige Stiege hinaufkletterte, über die Flure, auf denen verstaubter Hausrat: alte Spinnräder, Bettstücke, Geschirr und Maisvorräte, bunt durcheinander liegt und die Spinnen jahrelang ungestört ihre dichten Gewebe wirken, wurde mir die Brust zugeschnürt, und das Herz klopfte mir so stark, daß ich auf jeder dritten Stufe stillstehen mußte. Aber der erste Blick in mein niedriges Zimmerchen und vollends aus dem Fenster versöhnte mich rasch mit dem Gedanken, daß dies meine letzte Wohnung auf Erden sein sollte."

Es ist noch das alte ländliche Meran der allerersten Kurgäste:

„Man sieht da weit in das schöne Etschland hinaus, über die Stadtmauer, die Allee mit den breitästigen Pappeln, die auf dem Steindamm längs der rauschenden Passer stehen, in die Niederung hinein, wo die Herden zwischen den hundert kleinen Bächen weiden."

Auf ihren Spaziergängen durch die Stadt lernt Marie das Alltagsleben der Einheimischen kennen: Die „steinerne, kühle und düstere Laubengasse" passierend, gelangt sie zu dem „kleinen Platz an der schönen alten Kirche" und findet ihn „ganz schwarz und rot von den Landleuten aus der Umgegend und Passeier, in ihren kurzen Jacken mit dem roten Vorstoß, den breiten Hüten und dem ganzen schmucken Sonntagsanzug. Weil es einer der vielen Bauernfeiertage war, standen nach der Kirche alle in dichten Haufen beisammen".

Drüben, bei „der sogenannten Winteranlage, dem windstillsten Teil der Wassermauer, wo das alte Nonnenkloster mit seiner hohen Gartenmauer den Luftzug vom Jaufen her abwehrt", trifft sie auf die blasierte Gegenwelt der „Kurgesellschaft":

„Ich mußte förmlich Spießruten laufen durch ein mir ganz gleichgültiges neugieriges Gewühl von Herren und Damen. Nicht ein Gesicht, zu dem ich mich hingezogen gefühlt hätte! Nicht ein Wort, das mir ans Herz gegangen wäre!"

Ihr Entschluß steht fest:

„Ich werde nicht oft unter die Pappeln hinausgehen. Es war mir nicht wohl unter den schleichenden, hüstelnden, geputzten Menschen, die mit ihren Traubenkörbchen am Arm herumschwankten und mit jeder Beere begierig einen Tropfen Hoffnung einsogen."

Ob es der Mann mit dem Thermometer am Revers ist, der je nach Körpertemperatur einen Knopf seines Überrocks auf- oder zumacht, oder die Frau mit dem Lästermaul, die nur mehr im Tragsessel das Haus verlassen kann und gleichwohl „noch Kraft übrig hat, sich der Schwächen ihrer Mitmenschen zu erfreuen" – sie sind ihr alle zuwider. Da lenkt sie ihre Schritte lieber zu dem Gehöft jenseits des Vinschgauer Tores, wo ihr die Bäuerin kuhwarme Milch auftischt, zu der Maronibraterin unter den Lauben oder in die Weinberge, wo in seiner furchterregenden Vogelscheuchentracht der „Saltner" Wache hält.

Weniger haben es ihr die Markttage angetan, wenn „die Lauben in eine lange Reihe von Metzgerbuden verwandelt sind, in jedem Hof geschlachtet, an jedem Nagel ein halbes Kalb oder Schwein aufgehängt und den Leuten feilgeboten wird, die in großen Scharen aus dem Vinschgau, dem Passeier, dem Ultental und den nächsten Einöden zusammenströmen. Andere Buden mit allerlei Waren, Eisengeräten, Tüchern, Heiligenbildern stehen auf dem Platz an der Pfarrkirche, und dazwischen schiebt und drängt und stößt sich das Volk, daß man seines Atems kaum noch sicher ist, denn der Geruch aus den Fleischbänken vermischt sich mit dem schlechten Tabaksqualm. Sogar zehnjährige Buben habe ich mit der dampfenden Pfeife frei herumgehen sehen!"

Und gar erst der Lärm des Schützenfestes:

„Ich wurde durch die Musik geweckt, mit der die Schützen vom Sandplatz vor der Post zum Schießhaus zogen, unter meinen Fenstern vorbei. Dann über Tag das Büchsenknallen, das mich sehr aufregte, und das Schreien und Jauchzen der Bauern, die schon ziemlich vom Wein erhitzt an der Schießstätte eintrafen." Nur dem Feuerwerk „drüben am linken Ufer der Passer", zu dem am Abend ganz Meran zusammenströmt, vermag sie einigen Reiz abzugewinnen.

Ihr Mißmut ist freilich begreiflich: Der behandelnde Arzt ist längst von jedem weiteren Heilungsversuch abgerückt, hat seine Patientin nur nach Meran geschickt, damit sie im milden südlichen Klima leichter über ihren letzten Winter hinwegkommt. Mit ihrem Leben hat Marie längst abgeschlossen: „Ich tauge nur noch für das Gnadenbrot."

Dem sympathischen jungen Mann, dessen Bekanntschaft sie eines Spätvormittags auf der Promenade bei der Wassermauer macht, geht es um nichts besser: Von seinem Bedienten an den sonnigsten Platz der Winteranlage „halb begleitet, halb geführt", wo er auf einer der Bänke Platz nimmt und seine Füße in einen wärmenden Pelzsack steckt, ist auch dieser Mittzwanziger – laut Kurliste ein „Particulier" aus Wien namens Morrik – ein Schwind-

169

süchtiger im Endstadium. Immerhin reichen die Kräfte der beiden moribunden Leidensgenossen noch dazu aus, dies und das an gemeinsamen Unternehmungen ins Auge zu fassen: Man tauscht Lesestoff aus, Friedrich Rückert gegen Edgar Allan Poe, man trifft einander bei einem Zitherkonzert im Saal der „Post", man mietet Maultiere für einen Ausritt nach Schenna, und man hält Rast beim Valentinskirchlein oder beim Schloß der Grafen Trauttmansdorff.

Weihnachten naht: Marie weiß, es ist ihr letztes Fest. Für Vater, Mutter und Bruder kauft sie Holzschnitzereien und Ansichtskarten, und damit das Behältnis, das sie für den Postversand fertig macht, voll wird, stopft sie auch noch ein paar Granatäpfel, eine Schachtel Feigen, eine Schachtel Kastanien und einen Honigkuchen hinein: „So weiß das Kistchen wenigstens von Meran zu erzählen." Ihr selber bringen die Wirtsleute am Heiligen Abend einen Christbaum aufs Zimmer, „aufs schönste geschmückt mit Orangen, Granatäpfeln, Zuckerfrüchten und Kerzen".

Und dann, kaum ist der Frühling da, das schier Unglaubliche: Sowohl Marie wie der Gefährte ihrer letzten Tage erholen sich von der Todeskrankheit, bedürfen nur noch einer behutsamen Nachkur, können miteinander in den Brautstand eintreten, werden eines Tages Mann und Frau sein:

> Und wie des Friedens sanfte Welle
> begräbt den schwanken Grund der Zeit,
> wird's vor den Sinnen morgenhelle
> und tagt wie Glanz der Ewigkeit.

Doch ach, des Dichters Rechnung geht nicht auf: Paul Heyses Versuch, mit dem Happyend seiner Novelle „Unheilbar" zur Genesung seiner Frau beizutragen, scheitert …

Sommer 1862, neun Monate weilt man nun schon in Meran. Hat bisher nur das älteste der vier Kinder die „Verbannung" geteilt, so kommen nun auch die anderen, bislang von der in München zurückgelassenen Großmutter behütet, nach:

„Doch nach den ersten frohen Tagen des Wiedersehens wurde die Stimmung rasch wieder verschattet, da kein Zweifel mehr blieb, daß an Rettung dieses teuren Lebens nicht zu denken war."

Paul Heyse sucht Ablenkung, indem er sich in die Niederschrift einer weiteren Novelle vergräbt: „Der Kinder Sünde, der Väter Fluch".

„Auf meine Seele senkt Schwermut sich herab":
Paul Heyse

171

„Ich dachte, durch das erschütternde Sujet die Schrecken meiner eigenen Tage und Nächte überbieten zu können. Doch mittendrin versagte mir die bildende Kraft. Ich konnte mir nur noch hin und wieder durch die halb mechanische Übersetzermühe am ‚Giusti' über die Qual der schleichenden Tage hinweghelfen."

Am 29. September schreibt er an seine Mutter in Deutschland: „Die Frist wird immer kürzer. Wer weiß, ob sie noch nach Tagen rechnet. Schon vorgestern Abend glaubte ich, es sei die letzte Nacht. Grete hatte uns am Nachmittag, als die heftigsten Anfälle sie außer sich brachten, die Wahrheit abgerungen. Es sei kein Trost mehr für sie, als zu wissen, daß sie nicht mehr lange zu leiden habe. Die Tage vorher waren so jammervoll gewesen, daß uns die Kraft, sie länger zu täuschen, gefehlt hätte, auch wenn wir es noch versucht hätten. Als sie ihre Krankheit kannte und nun nach und nach alle Selbsttäuschungen dieser letzten qualvollen Monate vor ihr zerrannen, wurde sie ganz ruhig, und eine wunderbare Fassung, Geduld, ja Heiterkeit hat sie seitdem nicht verlassen, außer in den Momenten der Todesangst, wo Husten und Beklemmung sie bis zum Ersticken brachten. Der Arzt ist voll Staunen über sie: So viel Ruhe dem Tod ins Gesicht habe er noch nie gesehen ..."

Zwei Tage darauf ist Margarete Heyse tot, am 2. Oktober wird die erst Achtundzwanzigjährige auf dem evangelischen Friedhof von Meran bestattet. „Mit dem Weibe meiner Jugend," wird der zweiunddreißigjährige Witwer später in seiner Autobiographie resümieren, „hatte ich meine eigene Jugend zu Grabe getragen."

Clara Kugler, seine Schwiegermutter, wird ihm und den Kindern fortan den Haushalt führen. Fünf Jahre gehen ins Land, bis sich Paul Heyse dazu entschließt, einen neuen Ehebund einzugehen. Doch wieder schlägt das Schicksal unbarmherzig zu: Die drei Kinder, die ihm Anna Schubert, seine zweite Frau, schenkt, sterben ihm, eines nach dem andern, binnen weniger Jahre weg.

Wenn er in späterer Zeit – Heyse selber erreicht das gesegnete Alter von vierundachtzig Jahren – zu wiederholten Malen besuchsweise nach Meran zurückkehrt (und dann Stammgast auf Schloß Labers ist), führt ihn einer seiner ersten Wege regelmäßig an Margaretes Grab auf dem evangelischen Friedhof von Obermais, und in einem seinem Freund Max Kalbeck gewidmeten Meran-Gedicht gedenkt er schmerzlich jenes Katastrophenjahres 1861/62, das ihm seine geliebte Gefährtin entrissen hat:

Auf meine Seele
senkt Schwermut sich herab. Sie schweift zurück
in lang versunkne Zeit, das Auge sucht
in nächt'gen Schatten drunten jenes Haus,
wo sommerlang ich schwerstes Leid erduldet
und rings um mich die Kraft und Segensfülle
der üppigen Natur ein Hohn mir deucht'
auf mein verarmend Dasein.

Wer heute in Meran, über hundertdreißig Jahre nach ihrem Tod, der „stillen Dulderin" Margarete Heyse nachspürt, erlebt Enttäuschung und Beglückung zugleich: Der alte Friedhof ist seit Jahrzehnten aufgelassen, an seiner Stelle breitet sich, dicht neben dem Palace Hotel, der Marconi-Park mit seinen Spazierwegen und Ruhebänken aus. Doch die Grabplatte – sie hat sich erhalten. Musterbeispiel pietätvollen Transfers, ist sie – eine unter fünfzig – in jene eindrucksvolle Epitaphwand eingelassen, die den Südteil des neuen evangelischen Friedhofs an der Marlingerstraße säumt. Und das bis zum heutigen Tag.

173

„FÜRCHTE DICH NICHT!"

Otto von Bismarck und Josepha Holzner

Bei so viel Pech in der Liebe gibt's für einen Draufgänger wie
ihn nur eines: die Flucht nach vorn. Der Landjunker Otto von Bismarck, gerade siebenundzwanzig geworden, geht auf Reisen.
Sucht Betäubung, vielleicht auch neues Abenteuer – und das möglichst weit weg von daheim. Will seinen Frust, wie er es in einem
Brief an einen seiner Freunde so poetisch wie drastisch ausdrückt,
„in fremden Climaten ausdunsten". Von dem Wunsch, eine feste
Bindung einzugehen, ist er entfernter denn je: „Die Freiersfüße
sind mir zur Zeit gänzlich erfroren."

Frühsommer 1842. Das Debakel, das so sehr an seinem Selbst-
wertgefühl nagt, liegt nun zwar schon einige Monate zurück, aber
die damit verbundenen Demütigungen wirken immer noch nach.
Nicht die schroffe Zurückweisung durch die Mutter der Auserwählten ist es, was Bismarck so sehr wurmt, sondern deren eigenes Verhalten: Wie kann ein Mädchen, das seine Gefühle doch
unzweideutig erwidert, so mir nichts dir nichts auf den elterlichen
Ablehnungskurs einschwenken und sich einen derart lakonischen
Abschiedsbrief diktieren lassen? Ottilie heißt das allzu beugsame
Wesen, ist die Tochter eines reichen Gutsbesitzers aus der Gegend
um Pansin – von der Welt der pommerschen Krautjunker und
deren herrisch-bigotten Gemahlinnen hat Otto von Bismarck also
erst einmal genug.

Genug hat er aber auch von der romantisch-exaltierten Gegenwelt jener englischen Pastorentochter Isabella Loraine Smith, mit
der er im Jahr davor durch die Lande zieht. In Wiesbaden, wo der
passionierte Spieler gerade siebzehnhundert Taler am Roulette-
tisch verloren hat, verliebt er sich Hals über Kopf in die bildschö-
ne Blondine, er reist mit ihr von Stadt zu Stadt, in England will
man „in den heiligen Stand der Ehe" treten. Daß das gute Kind
kein Wort Deutsch spricht, macht die Angelegenheit für den

Abenteurer Bismarck nur noch reizvoller. Doch der Liebesrausch ist nicht von Dauer: „Die projektierte Verbindung", so teilt Bismarck seinem Freund Karl Friedrich von Savigny brieflich mit, „sei ganz und unwiderruflich abgebrochen, so daß mir davon nichts als die Erinnerung an vier sehr glückliche Honigmonate geblieben ist."

Ja, er ist halt überhaupt eine verdammt sprunghafte Natur, dieser jüngere Sohn des altmärkischen Gutsbesitzers Ferdinand von Bismarck und der preußischen Geheimratstochter Wilhelmine Mencken. Bei so verschiedenartigen Eltern ist die Zerrissenheit des Sprößlings geradezu vorprogrammiert: Dem Vater, einem ehrgeizlosen Naturburschen, der für ihn „die Gutmütigkeit des Lebens und Lebenlassens" repräsentiert, ist er in Liebe zugetan, während er die Mutter, „eine schöne Frau, die äußere Pracht liebte", fürchtet. „Von hellem lebhaftem Verstande, aber wenig von dem, was der Berliner Gemüt nennt" – ihre harte und kalte Art stößt ihn ab.

Der Vater sähe seinen Zweitgeborenen am liebsten als Verwalter der elterlichen Güter, die Mutter hingegen denkt an eine Karriere im Staatsdienst, will einen Diplomaten aus ihm machen. Doch das setzt harte Schulung voraus, und Lerneifer, Disziplin und Unterordnung sind Ottos Sache nicht. Die Berliner Schülerjahre in der strengen Plamannschen Anstalt, am Friedrich-Wilhelm-Gymnasium und im Grauen Kloster kommen ihm wie Kerkerhaft vor. Wenn er aus dem Fenster seines Klassenzimmers blickt und „ein Gespann Ochsen die Ackerfurche ziehen sieht", überkommt ihn tiefstes Heimweh: Mit Tränen in den Augen denkt er an das Leben in Kniephof, dem elterlichen Gut in Hinterpommern, wohin die Familie ein Jahr nach seiner Geburt im magdeburgischen Schönhausen übersiedelt ist.

Ein mittelmäßiger Zögling bleibt er auch, als er mit siebzehn die Universität bezieht: An Göttingen interessiert ihn das ausschweifende Studentenleben weit mehr als der vorgeschriebene juristische Lehrstoff. Notorischer Spätaufsteher, schwänzt er die Vorlesungen, durchzecht aber mit seinen Kumpanen die Nächte, seine Wechsel sind laufend überzogen, der Schuldenberg wird höher und höher. Daß er seine Referendarausbildung am Königlichen Stadtgericht zu Berlin ausgerechnet mit einer schriftlichen Arbeit „Über Sparsamkeit im Staatshaushalt" abschließt, mutet wie einer jener übermütigen Scherze an, zu denen sein ganzes

Wesen neigt. Aber bei aller Kraftmeierei ist er intelligent genug, sich auch über die Gefahren seines liederlichen Lebenswandels im klaren zu sein: „Ich werde entweder der größte Lump oder der größte Mann Preußens."

Einstweilen hat noch der Lump Priorität: Dem Militärdienst bei den Gardejägern kommt er höchst ungeregelt nach, während seines Gerichtsjahres in Aachen nimmt er sich ungefragt Urlaub, und entsprechend katastrophal fallen die Zeugnisse aus, die ihm die Vorgesetzten auf seinen so ungewissen ferneren Lebensweg mitgeben. Mit dem frühen Tod der Mutter – Frau von Bismarck stirbt neunundvierzigjährig an Krebs – kann er auch offiziell den Schritt vollziehen, der für ihn schon lange feststeht: den Zwängen des Staatsdienstes zu entsagen. „Ich will Musik machen, wie ich sie für gut erkenne – oder gar keine."

Von seinen Freunden als der „tolle Bismarck" bewundert, der mit ihnen auf Wolfsjagd geht, keine der landesüblichen Vergnügungen – Kränzchen, Bälle und Quadrillen – ausläßt, ein erstklassiger Reiter, trinkfester Kumpan und weltgewandter Gesellschafter ist und so mancher „femme de qualité" mit Erfolg den Hof macht, dieser Mann also ist und bleibt für seine Eltern ein Sorgenkind, das vor allem die ehrgeizige Mutter mit immer wieder neuen und von Mal zu Mal abenteuerlicheren Zukunftsplänen schreckt. Einmal denkt er an die Gründung einer Zuckerfabrik, dann wieder liebäugelt er mit einem Versuch im englischen Kolonialdienst, will „einige Jahre Asiat spielen, um etwas Veränderung in die Dekoration meiner Komödie zu bringen, meine Zigarren am Ganges rauchen statt an der Rega". Um zu retten, was zu retten ist, bleibt seinem Vater also gar nichts anderes übrig, als dem Hallodri das eine der beiden Familiengüter zu übergeben: Während er selber sich auf die Besitzungen in Schönhausen zurückzieht, hält Sohn Otto auf dem Kniephof in Hinterpommern als Jungprinzipal Einzug.

Hier auf der 2200 Morgen großen Ökonomie unweit der Kreisstadt Naugard ist er nun endlich sein eigener Herr. Und hier kann der inzwischen Vierundzwanzigjährige, frei von allen äußeren Zwängen, auch manches von dem nachholen, was er in seinen Studentenjahren an humanistischer Bildung verabsäumt hat: Er vertieft sich ins Studium geschichtlicher und philosophischer Werke, liest Byron und Shakespeare – nur mit Goethe weiß er nichts anzufangen.

Ein Mustergut wird man es vielleicht nicht gerade nennen können, aber es ernährt immerhin seinen Mann: Kniephof umfaßt ein zweistöckiges Herrenhaus mit ziegelsteinepflasterter Diele, tapezierten Zimmern, messingbeschlagenen Flügeltüren und weißen Kachelöfen, mit Saal, Veranda, Badstube und Park, dazu ein Wirtschaftsgebäude, Stallungen für Pferde, Rindvieh und Schafe, Scheune und Kornboden, Schmiede und Brennerei. In den elf strohgedeckten Tagelöhnerhütten sind die Landarbeiter untergebracht, die statt Entgelt freies Logis haben, dazu je drei Morgen Ackerland zu eigener Bewirtschaftung, Garten, Flachs- und Weideland. Der Drescherlohn wird ihnen in Form von Getreide und Heu erstattet. Auch für Heizmaterial, für Arzt und Arznei ist gesorgt. Der Gutsherr übt zugleich die örtliche Polizeigewalt aus, steht dem Patrimonialgericht vor, ist Kirchenpatron.

Das alles klingt lukrativer, als es ist: Die erste Zeit, da der junge Bismarck in Kniephof den Ton angibt, ist Schmalhans Küchenmeister, meist kommen nur Hering und Kartoffeln auf den Tisch. Mit zwölfprozentigen Darlehen versucht der Junior, das mäßig fruchtbare Gut in Schwung zu bringen: In den Rechnungsbüchern von eigener Hand liest man von spärlichen Erträgen aus Wolle, Korn und Spiritus, Spielverluste und Spielgewinne gleichen einander aus.

Es ist ein nüchterner Boden, der zu Nüchternheit anhält: Bismarck übt sich in der Einsicht, daß die Bäume nicht in den Himmel wachsen – er wird es für seine späteren Jahre als Landtagsabgeordneter, Gesandter und Reichskanzler gut brauchen können. Um mit seinen Tagelöhnern besser zurechtzukommen, eignet er sich das unter ihnen übliche Plattdeutsch an. Passionierter Jäger, legt er auch alle seine sonstigen Wege hoch zu Roß zurück: Der getreue Kaleb geleitet ihn zu den befreundeten Gutsherren im weiten Umkreis, Ausritte von fünfzig und mehr Kilometern sind da nichts Außergewöhnliches.

Auch wenn es ihn im Sommer zum Baden, Segeln und Fischen an die See zieht, steigt er auf seinen „schnellen, starken Braunen".

Hat er in Kniephof Gäste, so endet es allemal mit üppigem Gelage, er selber spricht mit Vorliebe dem Champagner und dem Porter zu, auch geraucht wird kräftig. Die Pistole spielt nicht nur bei der Austragung von Ehrenhändeln eine Rolle, sondern kommt auch bei so manchem derben Scherz zum Einsatz – etwa, wenn dem Hausherrn die Toilette der Damen zu lange dauert oder sich

*„Ich werde entweder der größte Lump oder der größte Mann
Preußens": Der junge Otto von Bismarck*

die Gäste partout nicht zum Aufbruch bequemen wollen. Da kann es schon einmal passieren, daß Bismarck an die Zimmerdecke ballert, bis den Säumigen der Kalk aufs Haupt rieselt.

Tolle Dinge erzählt man sich von den überschüssigen Kräften des jungen Herrn, und das gilt natürlich auch für dessen Liebesleben. Genaueres weiß man freilich nicht: Bismarck selber gibt sich überlegen, absichtlich kühl, redet sich, wenn die Sprache aufs Heiraten kommt, auf die viele Arbeit aus, die ihm der Hof abverlangt. Auch haben ihn jüngste Enttäuschungen – zuletzt die schroffe Zurückweisung seitens der Eltern einer pommerschen Gutsbesitzerstochter – gelehrt, seine Gefühle im Zaum zu halten: „Ich muß mich in Acht nehmen, hab noch zu viel Romantik im Leibe."

In dieser Verfassung tiefsitzender Verletztheit rüstet Otto von Bismarck im Frühsommer 1842 zu einer Auslandsreise, die ihn wohl vor allem auf andere Gedanken bringen und sein kräftig lädiertes Selbstbewußtsein wiederherstellen soll. Dem Land der dumpfen „Krautjunker", die im Gegensatz zu ihm, dem Weitgereisten, niemals über ihr Pommern hinausgekommen sind, will er für einige Zeit den Rücken kehren.

Fragt man den Siebenundzwanzigjährigen, wie es um sein Befinden stehe, gibt er in seiner drastischen Art zur Antwort: „Ganz gut, nur hab ich leider im Winter stark die Räude gehabt." Es ist noch immer dieselbe Wunde, die ihn schmerzt: Bloß weil er ein paarmal über die Stränge geschlagen und man ihn deshalb im Umkreis seiner Auserwählten, die er schon als seine Braut und künftige Kniephof-Herrin gesehen, angeschwärzt hat, glaubt diese Clique aus Provinzphilistern und Ulanenoffizieren auf ihn herabblicken zu können! Nein, davon hat er jetzt erst einmal genug. Und da der Betrieb seit einiger Zeit tadellos in Schuß ist, geht's auf dem Kniephof eine Weile gut auch ohne ihn.

Genaue Aufzeichnungen über den Verlauf der mehrmonatigen Reise fehlen: Tagebuch zu führen, ist nicht nach Bismarcks Geschmack. Die ersten Stationen liegen demzufolge in geheimnisvollem Dunkel: Man weiß von Aufenthalten in England und Frankreich, mehr nicht. Dann wendet sich der einsame Reiter – Bismarck ist ja zu Pferde – weiter südwärts: Meran ist sein Ziel. Auf Schloß Trauttmansdorff in Obermais hat er schon in früheren Jahren als Jagdgast logiert. Und von dort Abstecher ins wenige Kilometer entfernte Mitterbad gemacht.

Unter den insgesamt neun Heilbädern des Ultentals südwest-
lich von Meran ist dieses das fashionabelste. Das Waldidyll am
Ufer des Wieserbachs, anderthalb Gehstunden von der Ortschaft
St. Pankraz, verdankt seinen Ruf zu dieser Zeit nicht nur der Heil-
kraft seiner schwefelsauren Arsen-Eisen-Quelle, die sowohl für
Wannenbäder wie für Trinkkuren genützt wird, seiner würzigen
Höhenluft und seiner reichen Auswahl an schattigen Wander-
wegen, sondern auch dem geselligen Treiben seiner verwöhnten
Klientel.

Kein Kurort im landläufigen Sinne, ist Mitterbad an und für
sich nichts weiter als ein Badhaus mit dreizehn Wannen zweiter
und fünf Wannen erster Klasse, die einen aus Holz zusammenge-
fügt, die anderen aus Marmor gehauen, um das ein Gästetrakt, ein
Gesellschaftshaus mit Speisesaal und Tanzboden, ein Bauernhof
mit Stall und Stadel, eine Kegelbahn und ein Schießstand, eine

„Guter Tisch und willfährige Bedienung gegen billige Rechnung“:
Mitterbad im Ultental

den Heiligen Kosmas und Damianus geweihte Kapelle sowie die
Villa des Badearztes locker gruppiert sind. Um während der sommerlichen Hochsaison alle Gäste bedienen zu können, wird das
Badewasser rund um die Uhr eingelassen; Anspruchslosere über-
nachten bei Überfüllung im Freien.

In Stafflers Tiroler Landesbeschreibung von 1846 nimmt
Mitterbad breiten Raum ein:

„Das Badhaus ist von Bergen umstellt, aller Aussicht beraubt und fast melancholisch zu nennen. Dafür entschädigen Bequemlichkeit der Unterkunft, guter Tisch und willfährige Bedienung gegen billige Rechnung."

Bismarck, mit seinen siebenundzwanzig Jahren ein Kraftkerl von strotzender Gesundheit, beehrt Mitterbad wohl kaum als Kurgast, sondern wegen dessen renommierten Vergnügungsbetriebs:

„Die Gesellschaft ist sehr bunt, doch halten sich die Stände genau auseinander. Im vorderen Gebäude wohnen die besseren Leute, im hölzernen Hinterhause die minderen. Die besseren Leute deutschen Stammes betrachten die Kurzeit als Landaufenthalt und erscheinen in sehr schlichter Äußerlichkeit, abstechend von den wälschen Gästen, die in makelloser Eleganz einherschreiten. Ihre Wohnungen sind hölzerne Verschläge, enger als Klosterzellen, bloß zum Schlafen eingerichtet. In den Badzellen der besseren Leute reichen die Badetröge einige Zoll in den Gang hinaus, um von dort nachgefüllt zu werden. Liegt nun ein verehrtes Jungferlein in so einem Zellentrog, so lassen die Kavaliere frischgefangene Bachforellen vom Gang aus in die Wannen schlüpfen zu den kreischenden Schönen im Bade."

Sogar von „fahrenden Fräuleins aus Wälschland" wird gemunkelt. Böhmische Musikanten spielen zur abendlichen Tafel und zum Tanz auf – „und nicht etwa nur auf einen Dreher oder zwei", sondern „gleich bis Mitternacht". Derweil der Badearzt die Kranken mit Aderlässen, Schröpfköpfen und Blutegeln traktiert, steigen die „leichteren" Fälle in die Wanne und vertreiben sich die Zeit, indem sie sich mit ihresgleichen angeregter Unterhaltung hingeben:

„Da liegen sie dann reihenweise zugedeckt in ihren Särgen, während ihnen zu Häupten die Befreundeten Platz nehmen. Die deutschen Landsleute benehmen sich in dieser Lage sehr ruhig, die italienischen Weiber dagegen verursachen großen Lärm."

Für den jungen Bismarck ist dieses pittoreske Amalgam aus Tiroler Urwüchsigkeit, kapriziösem Gesellschaftsleben und einem kräftigen Schuß Italianità genau das richtige. Die Frömmigkeit der durchwegs katholischen Einheimischen, für die jeden Tag in der Kapelle die Messe gelesen wird, verträgt sich aufs wundersamste mit der Ausgelassenheit der Kurgäste – für den Protestanten Bismarck ein weiteres Element von exotischem Reiz.

In diesem Sommer 1842 ist es jedoch noch etwas anderes, was ihn an dieses Mitterbad fesselt: Josepha, die Tochter des Badwirts. Wohlgefällig ruht sein Auge auf der ebenso schmucken wie freundlichen Sechzehnjährigen, wenn sie in ihrer Ultner Tracht mit dem weiten Reifrock und dem engen Mieder, der bauschigen weißen Hemdbluse und den schwarzen Schnabelschuhen die Fremden bedient. Seit 1817 ist ihr Vater, der Mesner-Wirt aus dem nahen St. Pankraz, auch Herr über Mitterbad, und Josepha, eine von allen Burschen der Gegend umschwärmte Schönheit von züchtigem Wesen, geht ihm dabei zur Hand. Das Bild, das in späteren Jahren ein Meraner Porträtmaler von ihr anfertigen wird, zeigt uns Josepha Holzner als junge Frau von lebhaft-ernstem Ausdruck mit vollem, dunklem Haar und ebenmäßig geschnittenem Gesicht. Wenn man das Konterfei des um elf Jahre älteren Otto von Bismarck danebenhält, schlank und blond, fern noch vom gedrungen-aufgedunsenen Antlitz der späteren Jahre, kann man nur zu dem Urteil kommen: ein schönes Paar.

Aber werden sie es auch werden – ein Paar?

Bismarck ist Feuer und Flamme. Wo immer sich Gelegenheit dazu bietet, sucht er Josephas Nähe, richtet, wenn sie die Mahlzeiten aufträgt, das Wort an sie, beobachtet sie vom Fenster seiner Schlafkammer aus, wenn sie über den Hof eilt, folgt ihr sogar beim Kirchgang zur Morgenmesse. Aber ihr seine Liebe erklären? Bei den vielen Gästen, die bedient werden wollen, und bei den strengen Eltern, die sorgfältig über Sitte und Anstand wachen, ist es fast unmöglich, mit Josepha ein privates Wort zu wechseln, geschweige denn zu einem ungestörten Stelldichein mit ihr zu kommen.

Doch da gibt's ein Faktotum in Mitterbad, das man gegen gutes Trinkgeld als Postillon d'amour einspannen kann: Bad-Hiasl nennen sie ihn, den Burschen aus St. Pankraz, der vor allem für die Botendienste der Fremden da ist. Für den feinen Herrn aus dem hohen Norden, den sie alle hier „Baron" nennen, Kupplerdienste zu leisten, ist ganz nach seinem Geschmack, außerdem füllt's seinen Geldbeutel.

Josepha ist weniger überrascht als geschreckt, als sie den Brief öffnet, den ihr der Bad-Hiasl eines Tages zusteckt. Daß ihr der „Herr Baron" nachstellt, ist ihr natürlich nicht verborgen geblieben. Und gewiß, gefallen tät' er ihr auch. Nur – was werden die Eltern dazu sagen? Herr von Bismarck meint es nämlich ernst,

Sittsam, bescheiden und schön: Josepha Holzner

spricht gar in einem seiner Briefe offen von Heirat, will die noch nicht einmal volljährige Tiroler Wirtstochter zu seiner Frau machen und in seine Heimat mitnehmen, von der sie, das einfache Dirndl aus den Tiroler Bergen, nicht einmal weiß, wo das ist, wie es dort zugeht und welche Art von Leben sie dort erwartet.

Die Gedanken, die ihr in diesen Tagen durch den Kopf gehen, machen sie schwindlig. Und erst recht schwindlig macht sie dieses neumodische Gebräu, das auf Verlangen der Kurgäste seit kurzem auf der Mitterbader Getränkekarte steht und das sich der „Herr Baron" von ihr aufs Zimmer bringen läßt, um sie davon kosten zu lassen: Champagner. Josephas Neugier siegt über die ihr anerzogene Zurückhaltung, die beiden leeren ein Glas nach dem andern. Nun endlich kann Bismarck es wagen, auch in Worten auszusprechen, was er bis dato nur seinen Briefen anvertraut hat: Er erklärt ihr seine Liebe, schließt sie in seine Arme, küßt sie leidenschaftlich auf den Mund.

Längst hat Bismarck den Wirtsleuten abgelauscht, wie sie ihre Tochter rufen: „Sefferl" – das ist der Name, dessen sich auch er nunmehr, ohne viel zu fragen, bedient, sooft er ihrer ansichtig wird, und Sefferl läßt sich's gern gefallen.

Von Tag zu Tag wird es schwieriger, vor den anderen Leuten zu verbergen, was sich da zwischen den beiden so ungleichen jungen Menschen anbahnt. Bevor Josephas Eltern es womöglich aus dem Munde Dritter erfahren, will sie sich ihnen lieber selber erklären – und je rascher, desto besser. Doch es kommt, wie es kommen muß: Vater Holzner, wiewohl auch seinerseits vom Ansinnen des noblen Gastes geschmeichelt, setzt seiner Tochter entrüstet den Kopf zurecht: Ist sie denn von Sinnen, auf solche Weise die Ehre des Hauses aufs Spiel zu setzen? Ist sie sich nicht darüber im klaren, daß es niemals zu einer Verbindung mit diesem gewiß hochrespektablen Fremden kommen kann, der anderen Glaubens ist als sie? Ein Lutheraner aus dem fernen Preußen! Völlig ausgeschlossen!

Auch Bismarck ist bei aller Verliebtheit Realist genug, die Hürden zu erkennen, die seinem Wunsch entgegenstehen. Doch er ist festen Willens, diese Hürden zu nehmen: „Sefferl, fürchte dich nicht, ich werde dich gegen alle Welt zu schützen wissen!"

Ob er sich das nicht doch etwas zu leicht vorstellt?

Eine Expreßpost von daheim ruft ihn zurück auf den Kniephof, von dort aus will er alle weiteren Schritte sorgfältig planen und kühlen Kopfes in die Tat umsetzen. Doch kaum hat er sich von Josepha verabschiedet und sich auf sein Roß geschwungen, um die Heimreise nach Pommern anzutreten, nimmt das Verhängnis seinen Lauf. Noch bevor sein Werbebrief eintrifft, mit dem er bei Josef Holzner auch offiziell um die Hand der Tochter anhält, zugleich den Segen der Mutter erbittend, ist in Mitterbad der Teufel los. Die Affäre des Herrn Barons mit der Wirtstochter ist das Tagesgespräch im gesamten Ultental, eifersüchtige Einheimische, heiratswillige Burschen, die gleichfalls ein Auge auf die schöne Sefferl geworfen haben, schmieden dunkle Femepläne gegen die in ihren Augen Unwürdige, und der Pfarrer, seinerseits von ihnen aufgestachelt, stellt Erkundigungen über den ketzerischen Eindringling an und wettert von der Kanzel herab gegen dessen gotteslästerliches Begehren.

Jetzt geht es Schlag auf Schlag: Josepha wird von ihren Eltern aufs strengste dazu angehalten, jedweden Briefverkehr mit Bismarck einzustellen. Gleichzeitig greift Vater Holzner zur Feder und teilt dem Brautwerber mit, dessen Antrag ehre ihn zwar, doch sei er aus den bekannten Gründen außerstande, ihn anzunehmen, und das habe inzwischen auch Josepha eingesehen, weshalb er sowohl im eigenen wie in ihrem Namen ersuche, von jedem weiteren Versuch abzulassen, ihr nahezutreten.

Bismarck, über den ihm treu ergebenen Bad-Hiasl laufend über die Entwicklung unterrichtet, weiß nunmehr, daß er sich die Sache aus dem Kopf zu schlagen hat, und resigniert. Es ist das dritte Mal in seinem jungen Leben, daß er als Brautwerber scheitert, und vielleicht ist das Sefferl aus dem Ultental diejenige, auf die verzichten zu müssen ihm besonders weh tut. Denn diesmal schweigt er, wird sowohl in Freundesbriefen wie in seinen späteren Aufzeichnungen mit keinem Wort auf die Niederlage vom Sommer 1842 zu sprechen kommen. Den Bismarck-Biographen ist die Affäre von Mitterbad nicht einmal einen Nebensatz wert – ganz im Gegensatz zu den Chronisten am Ort des Geschehens, die der bittersüßen Romanze bis heute ein liebevolles Angedenken bewahren.

Und das will etwas heißen, denn Mitterbad existiert inzwischen nur noch als erbärmliche Ruine. Aber an eben dieser Ruine, unter der kaum noch entzifferbaren Firmeninschrift des Hauptportals, bringen Anno 1990 die Männer der Schützenkompanie von St. Pankraz eine Tafel an, mit der an Otto von Bismarcks

Aufenthalt vor anderthalb Jahrhunderten erinnert wird. Und der Fußweg, der von der gleichfalls seit langem außer Dienst gestellten Kapelle zur ehemaligen Arztvilla führt, trägt nach wie vor den Namen „Bismarckpromenade".

Otto von Bismarck und Josepha Holzner haben also nicht zueinandergefunden – wie aber geht's mit den beiden weiter?

Jedenfalls nicht, wie das häufig bei einer gewaltsam zerschlagenen Verbindung der Fall ist: mit überstürzter Flucht in eine neue – weder da noch dort. Vier Jahre verstreichen im einen, acht im anderen Fall, bis es zur Eheschließung kommt. Bismarck, seit einigen Wochen Mitglied des preußischen Landtags und somit am Beginn seines öffentlichen Wirkens, heiratet im Juli 1847 Johanna von Puttkamer, Sproß pietistischer Landedelleute aus Hinterpommern, die er in einem Brief an seinen Bruder Bernhard „eine Frau von seltenem Geist und seltenem Adel der Gesinnung" nennen wird, „dabei sehr liebenswürdig und facile à vivre, wie ich nie ein Frauenzimmer gekannt habe". Sein wiederholtes früheres Scheitern als Brautwerber läßt er in dem Nebensatz anklingen, mit Johanna glaube er „ein großes und nicht mehr gehofftes Glück" gemacht zu haben. An ihm festzuhalten, ist sein ganzes Bestreben, und er wird nicht müde, es auch ihr selbst gegenüber wieder und wieder zu beteuern: „Du bist mein Anker an der guten Seite des Ufers. Reißt der, so sei Gott meiner Seele gnädig."

Der Anker hält – ein Leben lang. Vier Jahre vor ihm, Ende 1894, stirbt Johanna von Bismarck. Der Verlust erschüttert den Neunundsiebzigjährigen zutiefst, untergräbt seine Gesundheit. An seine Schwester Malwine schreibt er:

„Was mir blieb, war Johanna, der Verkehr mit ihr, die tägliche Frage ihres Behagens, die Betätigung der Dankbarkeit, mit der ich auf achtundvierzig Jahre zurückblicke. Und heut alles öde und leer …"

Härter trifft es Josepha Holzner: Schon mit achtunddreißig reißt ihr Lebensfaden ab. Über die Ehe, die sie am 4. November 1851 mit einem gewissen Alois Schmid eingeht, ist wenig bekannt. Er steht im Dienst der landesfürstlichen Stiftung von Salzburg, führt zunächst mit seiner Frau den Betrieb von Mitterbad weiter, ehe er das nach wie vor florierende Unternehmen abstößt und mit ihr nach Salzburg übersiedelt, wo dem Paar zwei Kinder geboren werden.

Ihre Verknüpfung mit dem Namen Bismarck holt Josepha ein letztes Mal ein, als Sohn Ernst sich viele Jahre nach ihrem Tod selbständig macht und in Innsbruck als Papierhändler etabliert: Sofort kommt das Gerücht auf, Bismarck habe bei der Existenzgründung dieses Ernst Schmid seine Hand im Spiel gehabt und ihm die dafür nötigen Geldmittel zur Verfügung gestellt. Es ist ebenso Legende wie die Mär von Josephas später Wiederbegegnung mit Otto von Bismarck an dessen Berliner Amtssitz oder die Mär vom Kranz aus roten Rosen, den er, seit zwei Jahren Ministerpräsident Preußens, am Salzburger Grab der Frühverstorbenen habe niederlegen lassen.

Liebe und Leid in Mitterbad – auch in der weiteren publizistischen Ausschlachtung des Themas bleibt es bei dem notorischen Nord-Süd-Gefälle: Im Verlag Neues Leben in Bayrisch Gmain bringt der aus dem Vinschgau-Städtchen Naturns stammende Autor Adolf Kristanell 1934 seinen Roman „Bismarck und Josepha" heraus, und am Schauplatz des Geschehens widmet der Ultentaler Heimatforscher Gottfried Oberthaler in seiner 1987 erscheinenden Chronik „Das Ultental und seine Bäder" den Ereignissen vom Sommer 1842 ein eigenes Kapitel. Jenseits der Main-Linie hingegen herrscht weiterhin striktes Stillschweigen: Man weiß von nichts, will von nichts wissen, räumt der bittersüßen Romanze nicht einmal anekdotischen Rang ein.

Dementsprechend schwer hat es – anderthalb Jahrhunderte danach – der heutige Spurensucher. Hinzu kommt, daß Mitterbad – sowohl unter seinem deutschen wie unter seinem italienischen Namen Bagno di mezzo – von den Landkarten verschwunden ist. Dabei hat es zu der Zeit, da Bismarck es mit seiner Anwesenheit beehrt, seine eigentliche Glanzzeit erst noch vor sich. 1871 haben die dienstbaren Geister von Mitterbad alle Hände voll zu tun, den Speisesaal zum Kaisersaal umzufunktionieren: Elisabeth von Österreich ist zum Besuch angesagt. Und vollends zum Stelldichein der großen Welt wird der kleine Ort um die Jahrhundertwende, seitdem der berühmte Kaltwasserarzt Dr. Christoph Hartung von Hartungen neben seinem Sanatorium in Riva am Nordufer des Gardasees auch in Mitterbad Dienst tut. Zu seinen Patienten zählen der Tiroler Maler Franz von Defregger und der ostpreußische Dichter Hermann Sudermann; das Brüderpaar Heinrich und Thomas Mann, zu dieser Zeit noch nicht auf Distanz zueinander, reist sogar gemeinsam von München an. In einem Brief an seinen Freund Paul Ehrenberg berichtet Thomas Mann:

„Wir kamen abends in Bozen an, einer pittoresk gelegenen, heißen, kleinen Stadt, die voll von Fremden und daher ganz unterhaltend ist. Wir übernachteten dort und reisten am nächsten Morgen mit der Meraner Lokalbahn weiter bis Lana, einer kleinen Station zwischen Bozen und Meran, von wo wir einen dreistündigen wunderschönen Weg ins Gebirge hinein zu Pferde zurücklegten. Ich ritt eine Art Schlachtroß von sagenhaftem Körperbau, aber mit dem Temperament eines Faultiers und den Launen eines unausgeschlafenen Esels. Indessen schließlich langten wir doch wohlbehalten in Mitterbad an.“

Auch über den eigentlichen Aufenthalt gibt Thomas Mann, der gerade seine Novelle „Gladius Dei“ in Arbeit hat, präzis Auskunft:

„Es lebt sich gut und erholsam hier. Die Kuranstalt liegt ganz einsam inmitten einer wirklich prachtvollen Berglandschaft, ein Sturzbach verursacht drunten im Tal ein ungeheuer besänftigendes Geräusch, und man führt das rationellste und auffrischendste Leben, das sich denken läßt. Wir hausen sozusagen nahe den Wolken, manchmal sogar in den Wolken, was doch gewiß romantisch ist. Täglich sind wir ungefähr zehn Stunden in der freien Luft – 1000-Meter-Höhenluft, frisch, rein, aromatisch – und haben schon ein paar ganz stattliche Anstiege hinter uns. Aber das sind bloß Vorübungen; nächstens kommt eine Gipfelbesteigung und später, als Hauptcoup, eine veritable Gletscherpartie an die Reihe. Ich werde wahrscheinlich bis Ende nächsten Monats hierbleiben.“

Thomas Mann ist von den Reizen Mitterbads so angetan, daß er sich sogar dazu herbeiläßt, fürs Gästebuch ein vielstrophiges Gelegenheitsgedicht zu verfassen, das sich wie ein Werbetext liest. Hier einer der zwölf Vierzeiler:

> Am Abend war großes Feuerwerk:
> Welch patriotisches Knallen!
> Zumal die Raketen haben mir
> ganz ungemein gefallen.

Nach dem Ersten Weltkrieg setzt der Niedergang des „altrenommierten Eisenwasserbades“ ein. Hat man eben noch, seitdem das Mitterbadwasser auch in den Handel geht, pro Jahr an die 360.000 Flaschen des mit Levico, Srebrenico-Guber und Baden-

Baden konkurrierenden Labetrunks abgesetzt, so kommen nun neuzeitlichere Therapien auf, vielen der früheren Stammgäste fehlt es plötzlich am Geld, und auch der häufige Besitzerwechsel tut Mitterbad nicht gut. Zwar halten die von den neuen Eigentümern eingesetzten Barmherzigen Schwestern von Martinsbrunn weiterhin den Badebetrieb aufrecht, aber mangelnde Investitionen, Lawinenschäden, Brückeneinstürze, Brandkatastrophen und vorübergehende Schließungen nagen kontinuierlich an der Substanz, so daß sich im Sommer 1970 die dienstbaren Geister im Nonnenhabit schweren Herzens entschließen müssen, sich in ihr Mutterkloster in Meran-Gratsch zurückzuziehen.

Halb Ruine, halb Schutthaufen – so dämmert das einstige Nobelbad in seinem verwunschenen Waldwinkel heute dahin, und von den vielerlei Markierungen, die über Dezennien hin den Kurgästen aus aller Welt den Weg gewiesen haben, hat nur eine einzige, weil erst in neuerer Zeit angebrachte, nichts von ihrer Lesbarkeit eingebüßt: die Granittafel der St. Pankrazer Schützen, die in schwarzer Fraktur an jene lange zurückliegenden Jahre erinnert, da der spätere deutsche Reichskanzler Otto von Bismarck sich an diesem Ort aufgehalten hat.

Unter welchen Umständen, zu welchem Zweck und mit welchem Ende – darüber schweigt sich freilich auch sie aus.

189

DIENSTMAGD, WAHRSAGERIN, BALLERINA

Peter Mitterhofer und die Frauen

„Also, wann legst du dir nun endlich einen PC zu?"

Seit Jahren liegt mir meine Umgebung damit in den Ohren, stehe ich unter Dauerbeschuß: Ein Mann wie ich und kein Schreibcomputer – das könne doch wohl nicht mein Ernst sein.

Sturheit hält man mir vor, Uneinsichtigkeit, Trotz.

Und dann hebt jedesmal die gleiche Litanei an: Wieviel schneller ich mit dem PC vorankäme, wieviel sauberer er schriebe, wieviel effizienter. Und gar beim Korrigieren – ein Tastendruck, und alles ist erledigt.

„Willst du wirklich der letzte sein, der sich noch mit einer mechanischen Schreibmaschine abquält?"

Gut, bin ich also der letzte. Ich bin es gerne, und gerne will ich's bleiben.

Für meine Art des Schreibens ist die gute alte Mechanische das einzig richtige Gerät. Nichts auf der Welt kann uns voneinander trennen, niemandem wird es gelingen, einen Keil zwischen uns zu treiben, bis ans Ende meiner Tage halte ich an ihr fest.

Ich habe übrigens gute Gründe dafür.

Nicht, daß ich die Kostspieligkeit der Investition scheute.

Nicht, daß ich mich mit der neuen Technik schwertäte – das kann heute jedes Kind.

Was also ist es dann, das mich zum unverbesserlichen PC-Muffel macht?

Die mechanische Schreibmaschine ist das sensiblere, das rücksichtsvollere Gerät. Und ebendies brauche ich beim Schreiben: Sensibilität und Rücksichtnahme. Schon die Elektrische (die bei mir – der Leser errät es – gleichfalls niemals eine Chance hätte) macht mich nervös. Dieses Rauschen, diese Überbereitschaft, dieses penetrant Auffordernde, das mir beständig einbleut: Na los, mach schon, schreib weiter, wird's bald!

Unter solchem Druck soll einem etwas einfallen?

Dagegen die Mechanische: Seelenruhig steht sie da, macht keinen Muckser, wartet geduldig, bis ich soweit bin, überläßt das Gesetz des Handelns ganz und gar mir. Habe ich ein Blackout, so läßt sie es mich durch keinerlei Insistieren spüren, hilft mir durch ihre Gelassenheit meine Schreibhemmung überwinden, in aller Ruhe meine Kräfte sammeln.

Wir zwei, meine mechanische Schreibmaschine und ich, sind ein ideales Paar. Das sollte man auseinanderreißen?

Keiner drangsaliert den anderen, nie kommt es zwischen uns zum kleinsten Konflikt.

Und – wir haben das gleiche Tempo: Wie ein Hündchen, das ergeben seinem Herrn hinterhertrottet, stellt sie sich vollkommen auf mich ein: kein Hecheln, kein Quengeln, kein Bellen – welch braves Tier.

Man nehme also ein für allemal zur Kenntnis: Mir kommt kein PC ins Haus. Das Wunderinstrument würde bei mir in der Rumpelkammer verrotten.

Umgekehrt halte ich meine mechanische Schreibmaschine in Ehren, unterziehe sie sorgfältiger Pflege, bringe sie regelmäßig zum Service, und vielleicht haben sogar die Spötter recht, die mich verdächtigen, es jenen Pflanzenfreunden gleichzutun, die mit ihren grünen Lieblingen reden: Schon möglich, daß da hie und da ein zärtliches Wort fällt.

Der langen Vorrede kurzer Sinn: Mein Schutzpatron heißt nicht Apple oder IBM, nicht Compaq oder Windows.

Sondern Mitterhofer. Peter Mitterhofer.

Daß wir in gewisser Weise Landsleute sind, ist da nur noch ein zusätzliches Element der Übereinstimmung: Meine Ahnen stammen wie die seinen aus Tirol. Jeder wird verstehen, daß das Technische Museum in Wien, das Stadtmuseum in Meran und das Schreibmaschinenmuseum in Bayreuth für mich den Rang von Heiligtümern haben: Sie sind es, die den Prototyp hüten – die einen in liebevoller Nachbildung, ersteres im Original. Und gar Partschins, das Dreitausend-Seelen-Dorf zwischen Burggrafenamt und Vinschgau, von wo dies alles vor hundertdreißig Jahren seinen Ausgang genommen hat – kann es für einen Mann wie mich ein hehreres Wallfahrtsziel geben?

Die Sache fängt höchst beziehungsvoll an. Es ist Hochsommer, Schulferien, die Busse zwischen Meran und Partschins verkehren seltener, ich muß in Töll aussteigen und die restlichen zwei Kilometer zu Fuß zurücklegen, bei der starken Steigung und der an diesem Tag herrschenden Gluthitze alles andere als ein Vergnügen. Aber ist dies nicht das Mindeste an Opfer, das ich diesem Peter Mitterhofer schuldig bin, dem damals, in den späten sechziger Jahren des vorigen Jahrhunderts, der zweimalige Fußmarsch nach Wien nicht zuviel gewesen ist, um dem Kaiser seine Erfindung vorzuführen?

Außerdem ist Töll ein sinnvoller Startpunkt: Hier, bei der alten Ziegelbrücke am rechten Ufer der Etsch, stand bis zum Jahr 1896 Mitterhofers Geburtshaus. Im Sagschneiderhof kommt er am 20. September 1822 als Sohn eines Tischlermeisters zur Welt, und hier, in dem vom Vater gepachteten Sägewerk, erlernt der Bub, dessen ganzer Stolz zwei Schulbücher sind, die er seines besonderen Fleißes wegen vom Dorfschullehrer geschenkt bekommt, das Tischler- und Zimmermannshandwerk.

Auch sonst ist er seinen Mitschülern weit voraus: Die Musikinstrumente, die Peter Mitterhofer bastelt, werden ihn später, wenn er auf Wanderschaft geht, über Wasser halten, und auch noch zu der Zeit, da er sich ganz dem Bau seines „Schreibapparats" hingeben wird, kann er das bescheidene Zubrot, das ihm

Liebe auf den ersten Blick:
Dietmar Grieser an Peter Mitterhofers „Schreibmaschine"

192

seine Auftritte als „Tonkünstler und Bauchredner" einbringen, gut brauchen. Natürlich kommt auch die räderne Kraxen, mit der er seine Erfindung nach Wien transportiert, aus der eigenen Werkstatt, und als er gegen Ende seines Lebens Hausmann spielen muß, weil seine Frau über Jahre hinweg schwerkrank daniederliegt, konstruiert er sogar eine hölzerne Waschmaschine. Im Museum neben dem Töller Schulhaus sind sie beide in originalgetreuen Nachbildungen zu bestaunen.

Karger die Mitterhofer-Spuren in Partschins selbst: Der Grabstein auf dem Friedhof ist posthum errichtet worden, Anno 1924 auf Geheiß seines Biographen Rudolf Granichstaedten-Czerva; das Denkmal auf dem Dorfplatz stammt gar erst aus dem Jahr 1964, und das einzige Bild, das von ihm existiert, ist in puncto Echtheit umstritten. Das Originalmanuskript seiner in Verse gefaßten Autobiographie gilt als verschollen, nur die Kirchenbücher halten die Eckdaten seines einundsiebzig Jahre währenden Lebens fest. Die Gedenktafel an Mitterhofers Sterbehaus im sogenannten Obergarten, einst trotz ihrer zweisprachigen Inschrift den faschistischen Machthabern ein Dorn im Auge, mußte nach dem Zweiten Weltkrieg erneuert werden. Heute tragen immerhin Dorfstraße, Mittelschule und Touristenhotel seinen Namen.

1849. Peter Mitterhofer ist sechsundzwanzig, schnürt seinen Ranzen und geht, wie es unter Zimmerleuten der Brauch ist, „auf die Walz". Kaum zu glauben, wie weit er in diesen elf Jahren herumkommt: nicht nur in den Ländern der Habsburgermonarchie, Wien, Oberitalien und der Balkan mit eingeschlossen, auch in Deutschland, Frankreich und der Schweiz – und überallhin zu Fuß. Auch hat er mehr an Gepäck mitzuschleppen als die meisten seiner Zunftgenossen: Leidenschaftlicher Musikant, doch zu arm, sich fertige Instrumente kaufen zu können, hat er sich ein „Raffele" gebastelt – es ist die in der Gegend gebräuchliche Urform der Zither. Und dazu ein „Glachter", das mit seinen Tasten, Verbindungshebeln, Hämmerchen und wohlabgestimmten Holzplättchen dem heutigen Xylophon ähnelt und „lachende Töne" von sich gibt. Könnte leicht sein, daß es diese Konstruktion ist, von der später die ersten Impulse zu seiner großen Erfindung ausgehen werden …

Als Peter Mitterhofer 1860 ins heimatliche Südtirol zurückkehrt, hat er seinen Landsleuten mancherlei zu erzählen. Nicht alles bereitet ihnen Freude: Daß er sich in seinen Schnadahüpfeln über sie mokiert und seine gesungenen Spottverse sogar bei öffentlichen „Abendunterhaltungen" zum besten gibt, macht immer wieder böses Blut. Und daß er seinen angestammten Beruf als Tischler und Zimmermann vernachlässigt, um seine Hände frei zu haben für die ausgefallensten Basteleien, stempelt ihn vollends zum Außenseiter, der womöglich mit dem Teufel im Bunde ist. Unvorsichtige Äußerungen, die auf Abweichungen vom rechtmäßigen Glauben schließen lassen, ziehen ihm den Zorn des Pfarrers von Partschins zu; mit dem Dorfgendarmen steht er so arg auf Kriegsfuß, daß er für kurze Zeit im Kotter landet. Zu stolz, um von den Bessergestellten Almosen entgegenzunehmen, hat er nur ein karges Auskommen: Statt Fleisch kommt Knochensuppe auf den Tisch. Speisereste werden durch einen eigens von ihm konstruierten Fleischwolf gedreht und ergeben so die nächste Mahlzeit.

Sonderlinge seines Schlages ziehen Kinder an, aber gerade denen wird der Umgang mit ihm streng untersagt: Ein Narr wie der Mitterhofer Peter kann doch nur ein Sittenverderber sein. Kein Wunder, daß ihm die Gemeinde ein miserables Leumundszeugnis ausstellt, als er im Frühjahr 1882 um Ehebewilligung ansucht: Der knapp Vierzigjährige heiratet die sechs Jahre ältere Zimmermannstochter Marie Steidl.

Die Vollwaise stammt aus dem Jaufental, aus der Gegend um Sterzing, bringt das ererbte Elternhaus und eine kleine Landwirtschaft in die Ehe ein, und das ist gut so, denn Mitterhofer verkriecht sich mehr und mehr in seine Erfinderwerkstatt, um an seinem „Schreibapparat" zu tüfteln, und wenn er auch für die Tastatur nur einfache Holzstückchen aus dem Tischlereiabfall, für das Gestänge alte Drähte und Saiten, für die Scharniere Lederflecke und für die Typen Nähnadeln verwendet, fällt doch einiges an Materialkosten an, während gleichzeitig auf der Einnahmenseite Ebbe herrscht.

Immer seltener läßt er sich von seiner Marie dazu überreden, bezahlte Arbeiten anzunehmen: Dachstühle auszubessern und Möbel zu tischlern. Im Dekan von Meran findet er den einzigen Rückhalt: Dieser Monsignore Anton Santner scheint an Mitterhofers Erfindung zu glauben, und er ist es auch, der ihm, als die ersten drei Modelle fertig sind, bei der Abfassung der Bittgesuche zur Hand geht, die dem einsamen Bastler zur Vervollkommnung seiner Konstruktion verhelfen, ja vielleicht sogar das Tor zur industriellen Serienanfertigung auftun sollen.

Solcherart ausgestattet, macht sich Peter Mitterhofer im Spätjahr 1866 mit Modell Nr. 3 auf den Weg nach Wien. Je nach Bedarf kann er den für den Transport des fünfzehn Kilo schweren Apparats angefertigten Schubkarren durch Ein- bzw. Ausspannen des Rades als Scheibtruhe oder als „Buckelkraxe" verwenden – eine Tortur sondergleichen bleibt das Unternehmen allemal. Bei

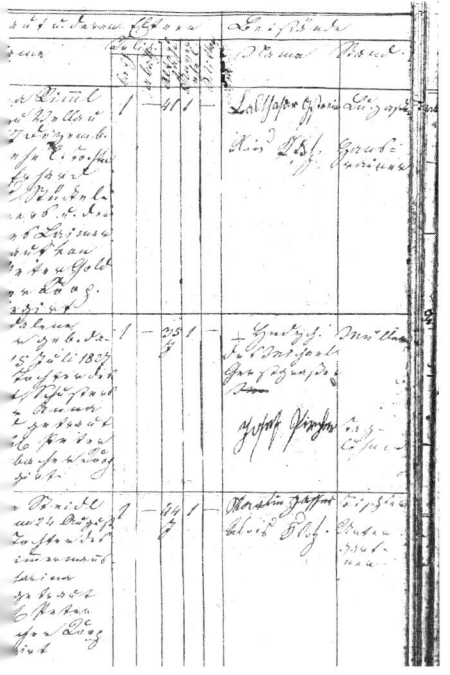

Wiener Bekannten in der Liechtensteinstraße findet er für die zwei Monate, die die Kabinettskanzlei Seiner k.k. Apostolischen Majestät, das k.k. Ministerium für Handel und Volkswirtschaft, das Rektorat des k.k. Polytechnischen Instituts und die k.k. Staats-Central-Kasse für die Erledigung des Bittgesuchs brauchen, Unterschlupf. Das mit „gehorsamster Untertan" unterfertigte Dokument an die Adresse des Kaisers umfaßt mehrere engbeschriebene Seiten und beginnt wie folgt:

Auszug aus dem Heiratsregister (unterer Abschnitt)

Verkanntes Genie mit typisch österreichischem Schicksal:
Peter Mitterhofer

„Durchdrungen von der allbekannten Huld und Gnade Eurer Majestät wagt es der gehorsamste Bittsteller in tiefster Ergebenheit, eine alleruntertänigste Bitte zu unterbreiten, deren Realisierung den Bittsteller überaus glücklich machen würde und geeignet wäre, eine praktische wertvolle Erfindung ins Leben zu rufen. Der gehorsamste Bittsteller ist der Erfinder eines Schreibapparats, welcher, wie die in der Nebenlage ehrfurchtsvollst anruhende Beschreibung nachweist, in der Anwendung eine große Nützlichkeit und Brauchbarkeit konstatiert und in seiner Eigentümlichkeit einzig und allein dasteht. Dem Bittsteller, welcher nur ein Zimmermann von Profession, ist es nach jahrelangen Mühen, Sorgen und vielseitigen Versuchen endlich gelungen, seine Erfindung insoweit herzustellen, daß an dem Objekt die Wichtigkeit der Erfindung und deren Anwendung in der Praxis gezeigt werden kann."

Mitterhofer spart nicht mit konkreten Hinweisen, wo er die Zukunft seines Schreibapparats sieht: allem voran in den „ambulanten Feldkanzleien, deren Dienst strenge Geheimhaltung von Schriftstücken erheischt". Ausdrücklich macht er jedoch darauf aufmerksam, daß „der mitgebrachte Apparat vorläufig nur im rohen Zustand ausgefertigt ist" und „noch der Verbesserung in der technischen Ausarbeitung seiner Bestandteile bedarf". Denn „der Bittsteller ist arm und besaß nicht die Mittel zur Anschaffung feiner Werkzeuge". So begibt er sich „in seiner bedrängten Lage zu Fuß nach Wien – in der tröstenden Hoffnung, daß seine Erfindung daselbst Anklang und die Unterstützung der hohen Staatsregierung finden wird".

Mitterhofer hofft nicht vergebens: Das von der Kabinettskanzlei eingeholte Gutachten des Polytechnischen Instituts bescheinigt der Erfindung „tadelloses Funktionieren" und befürwortet deren „präzise Ausführung"; die Staats-Central-Kasse wird angewiesen, dem Bittsteller „zu der beabsichtigten Herstellung eines ordentlichen Modells sowie als Anerkennung seines mühsamen und unverdrossenen Strebens" eine einmalige Subvention von 200 Gulden „gegen ordnungsmäßig gestempelte Quittung" auszubezahlen.

Glücklich über so viel kaiserliche Huld kehrt Mitterhofer nach Partschins zurück und macht sich an die Vervollkommnung seiner Erfindung; Schlosser und Schmied stellen ihm Amboß, Schraubstock und weiteres Werkzeug zur Verfügung. Drei Jahre später ist er soweit, ein zweites Mal in Wien vorstellig zu werden; diesmal, wiederum zu Fuß anreisend, steigt er im Gasthof Holzwarth im Bezirk Rudolfsheim ab. Doch der neuerliche Erfolg seiner Mission trügt: Zwar spendet das Präsidium der Polizeidirektion dem „schlichten, aller Vorbildung entbehrenden Landmann" wortreich Anerkennung für dessen „richtige Kombination und staunenswerte Ausdauer" und empfiehlt Seiner Majestät dem Kaiser sogar den Ankauf des Modells, aber nicht etwa, um dessen industrielle Fertigung in die Wege zu leiten, sondern lediglich, um es der Modellsammlung des Polytechnischen Instituts einzuverleiben, wo es „strebsamen Schülern als anregendes Beispiel dienen" möge, „wie weit es der denkende und fleißige Mensch bringen kann".

150 Gulden ist dem Wiener Hof die Anschaffung wert, und dabei wird es bleiben: Mitterhofers Schreibapparat landet im Museum. Auf die Idee, die in Blüte stehende Wiener Feinmechanik mit der Weiterentwicklung des Prototyps zu betrauen und das Resultat auf den Markt zu bringen, kommt keiner: Enttäuscht, ja verbittert muß der inzwischen Zweiundfünfzigjährige mitan-

sehen, wie man den Triumph seiner wahrhaft epochalen Erfindung dem Ausland überläßt. Die amerikanische Gewehr- und Nähmaschinenfabrik Remington erwirbt von dem aus Milwaukee stammenden Mechaniker Carlos Glidden die Patentrechte und bringt 1874 ihren ersten „type writer" heraus. Was hilft es dem verkannten Genie aus Partschins, daß sein Modell dem der Amerikaner in vielem überlegen, zum Beispiel nicht nur mit Groß-, sondern auch schon mit Kleinbuchstaben ausgestattet ist? Ein Welterfolg, den Österreich auf seine Fahnen hätte heften können, fällt wieder einmal anderen in den Schoß …

Über Peter Mitterhofers weiteres Leben wissen wir wenig. Spätere Funde in seinem Haus bezeugen lediglich, daß er die ihm verbliebenen Modelle in einer Dachkammer versteckt hält: Sein Erfindergeist sucht sich andere Ziele, er verlegt sich auf die Anfertigung kunstvoller Bilderrahmen und Kruzifixe, auch den Bau von Musikinstrumenten nimmt er wieder auf, und um seinen und den Lebensunterhalt seiner Frau fristen zu können, führt er sogar auch wieder Dachdeckerarbeiten durch.

Am 16. März 1892 stirbt seine Marie an Altersschwäche, anderthalb Jahre später folgt er ihr im Tod nach. Da die Ehe kinderlos geblieben ist, scheidet Peter Mitterhofer sang- und klanglos von dieser Welt: kein Partezettel, kein Andenkenbild, nicht einmal das einfachste Grabkreuz.

Vergessen ist er dennoch nicht. Das schmerzliche Schicksal des verkannten Erfinders, das der Südtiroler Peter Mitterhofer mit so manchem seiner Landsleute teilt, regt im folgenden Jahrhundert immer wieder Autoren dazu an, sich des Stoffes zu bemächtigen und ihn literarisch zu gestalten. Ob Theaterstück oder Roman – immer bilden die wunderbare Geschichte des unter armseligsten Umständen geglückten Geniestreichs eines kleinen Provinzhandwerkers und die bittere Tragödie seines Scheiterns das zentrale Motiv. Aber Theaterbesucher und Romanleser verlangen mehr, wollen den ganzen Peter Mitterhofer kennenlernen, bestehen auf einer kräftigen Dosis Herz und Schmerz. Mit anderen Worten: Eine Liebesgeschichte muß her. Steckt nicht, wie es im Sprichwort heißt, hinter jedem außergewöhnlichen Mann eine kluge Frau?

Doch ach, Peter Mitterhofer macht es seinen Biographen nicht leicht. Seine Ehegesponsin gibt da wenig her: Sechs, sieben Jahre ans Krankenbett gefesselt, anderthalb Jahre vor ihm abberufen und dazu eine biedere Landfrau, die für die technischen Höhenflüge ihres Gefährten kaum Verständnis aufbringen, ihm wohl nur mit lästigem Gequengel in den Ohren liegen kann, wann er denn nun endlich von seiner uneinträglichen Bastelei ablassen, sich einer ordentlichen Tätigkeit zuwenden und Geld ins Haus bringen werde – nein, mit dieser Marie ist kein Staat zu machen.

Also hängt man Peter Mitterhofer andere Weibergeschichten an, auch wenn sie – mangels ergiebiger Quellen – allesamt frei erfunden sind. Oswald Waldner, dessen Dialektstück „Der Teisen-Peter" zum 100. Todestag Mitterhofers von der Volksbühne Partschins aufgeführt wird, steckt seinen Helden auf dem Marsch nach Wien mit der Dienstmagd eines Einkehrgasthofs am Brennerpaß ins Bett; Hans Gnant, mit dessen Volksstück „Der falsche Weg" die Theatergruppe Villnöss im selben Jahr ihr Können unter Beweis stellt, reichert das Personenverzeichnis mit einer Wahrsagerin an, die ihm sein Schicksal aus der Hand liest; Max Bernardi, dessen „Narr von Partschins"1952 zu Bühnenehren kommt, bringt gar die weltberühmte Ballerina Fanny Elßler ins Spiel, konstruiert kühn eine Zufallsbegegnung der alternden Künstlerin mit dem in der kaiserlichen Hofkanzlei antichambrierenden Erfinder; und Werner Schmidt, Verfasser des Kitschromans „Bittersüßer Weg nach Wien" (der leicht auch das Dreh-

Späte „Anerkennung": Mitterhofers Grab in Partschins

199

buch eines schmalzig-glamourösen Heimatfilms ergäbe), greift mit vollen Händen in die Trickkiste der Traumfabrik und paart den urigen Tiroler mit der frei erfundenen Figur der kapriziösen Hofopernballerina Linon de Latour, die „ihren Peter" nicht nur vernascht, sondern auch ihre Verbindungen zum Hof spielen läßt und ihm eine Privataudienz beim Kaiser erwirkt.

Wie sagt Peter Mitterhofers Zeitgenosse Johann Nestroy? „Ich bin ein geborner Wiener, uns ist das notwendig zum Glücke, daß wir einem armen Teufel was Guts tun."

Zumindest auf dem Papier ist diesbezüglich für den Mann aus Partschins hervorragend gesorgt.

LITERATURNACHWEIS

So unaussprechlich eins zu zweit

Christian Morgenstern und Margareta Gosebruch

Michael Bauer: Christian Morgensterns Leben und Werk. München 1942
Martin Beheim-Schwarzbach: Christian Morgenstern. Reinbek 1964
Erich Kofler: Ein Sommer in Dreikirchen. Bozen 1991
Christian Morgenstern: Alles um des Menschen willen. München 1962
Christian Morgenstern: Palmström. Wiesbaden 1949
Michael Schulte (Hrsg.): Das große Christian-Morgenstern-Buch.
    München/Zürich 1976

Liebelei

Henrik Ibsen und Emilie Bardach

Emilie Bardach: Meine Freundschaft mit Ibsen. In: Neue Freie Presse 15304.
    Wien 1907
Peter Michael Braunwarth: „Zu wenig für einen Einakter, würden Sie sagen!"
    In: Die Presse 13884. Wien 1994
Günther Ennemoser: Ibsen in Gossensaß. Gossensaß o.J .
Henrik Ibsen: Baumeister Solness. Stuttgart 1966
Henrik Ibsen: Briefe. Stuttgart 1967
Hans Erich Lampl: Nova über Henrik Ibsen und sein Alterswerk.
    Oslo/Triest/Zürich 1977
Gerd Enno Rieger: Henrik Ibsen. Reinbek 1981

Das Abenteuer seines Lebens

Arthur Schnitzler und Olga Waissnix

Hartmut Scheible: Arthur Schnitzler. Reinbek 1976
Arthur Schnitzler: Jugend in Wien. Wien 1968
Arthur Schnitzler/Olga Waissnix: Liebe, die starb vor der Zeit. Ein Briefwechsel.
    Wien 1970
Renate Wagner: Frauen um Arthur Schnitzler. Wien 1980
Renate Wagner: Arthur Schnitzler. Wien 1981

Ein schöner junger Mann

Alma Mahler und Walter Gropius

Françoise Giroud: Alma Mahler oder die Kunst, geliebt zu werden.
    Wien/Darmstadt 1989

Gustav Mahler: Briefe. Leipzig 1981
Alma Mahler-Werfel: Erinnerungen an Gustav Mahler. Frankfurt/Berlin 1971
Karen Monson: Alma Mahler-Werfel, die unbezähmbare Muse. Miinchen 1985
Wolfgang Schreiber: Gustav Mahler in Selbstzeugnissen und Bilddokumenten.
    Reinbek 1971
Bruno Walter: Gustav Mahler. Frankfurt 1957

Wer ist die Dame?

Albrecht Dürer und die Nemesis

Franz-Heinz Hye: Die fürstbischöflich-brixnerische Stadt Klausen am Eisack.
    In: Österreich in Geschichte und Literatur 5/6. Wien 1991
Hans Eugen Pappenheim: Dürer im Etschland. In: Zeitschrift des Deutschen Vereins
    für Kunstwissenschaft 1/2. Berlin 1936
Anselm Pernthaler: Gesellschaftliche Verhältnisse in Klausen am Ausgange des
    Mittelalters. In: Der Schlern 21/22. Bozen 1921
Anselm Pernthaler: Fronleichnam in Klausen Anno 1492 und heute.
    In: Neue Tiroler Stimmen 118. Innsbruck 1910
Wilhelm Waetzoldt: Dürer und seine Zeit. Zürich 1953

Friedliche Betäubung

Franz Kafka und Gertrud Wasner

Otto von Fisenne: Franz Kafkas Reise nach Schleswig-Holstein.
    In: Freibeuter 61. Berlin 1994
Rotraud Hackermüller: Das Leben, das mich stört. Wien/Berlin 1984
Ronald Hayman: Kafka – sein Leben, seine Welt, sein Werk. Bern 1983
Franz Kafka: Tagebücher 1910–1923. Frankfurt 1973
Franz Kafka: Briefe 1902–1924. Frankfurt 1980
Franz Kafka: Beschreibung eines Kampfes. Frankfurt 1980
Albino Tonelli: Ospiti illustri del Garda Trentino. Trento 1980
Albino Tonelli: Ai confini della Mitteleuropa. Riva del Garda 1995
Klaus Wagenbach: Franz Kafka in Selbstzeugnissen und Bilddokumenten.
    Reinbek 1964
Klaus Wagenbach: Drei Sanatorien Kafkas. In: Freibeuter 16. Berlin 1983
Klaus Wagenbach: Franz Kafka – Bilder aus seinem Leben. Berlin 1994

Die Silberhochzeit

Sigmund und Martha Freud

Ronald W. Clark: Sigmund Freud. Leben und Werk. Frankfurt 1981
Sigmund Freud/C. G. Jung: Briefwechsel. Frankfurt 1974
Inga Hosp/Guido Mangold: Südtirol. Bozen 1991
Ernest Jones: Das Leben und Werk von Sigmund Freud. Bern/Stuttgart 1960/1962
Francesco Marchioro: Passi di sogno. Trento o.J.
Laurence Paton/Gisa Llobregat: Freud Prénom Martha. Paris 1989
Max Schur: Sigmund Freud. Leben und Sterben. Frankfurt 1973
Françoise Xenakis: Frau Freud ist wieder mal vergessen worden! München 1986

STILL ZU WISSEN

Andreas Hofer und Anna Ladurner

Humbert Fink: Zu Mantua in Banden. Düsseldorf 1992
Rudolf Granichstaedten-Czerva: Andreas Hofer – seine Farnilie, seine Vorfahren und
  seine Nachkommen. Wien/Leipzig 1926
Hans Kramer: Andreas Hofer. Brixen 1988
Matthias Ladurner-Parthanes: Die Ladurner. Bozen 1960
Hans Magenschab: Andreas Hofer. Graz 1984

DAS VERSTECK AUF DEM RITTEN

Benito Mussolini und Clara Petacci

Raymond Cartier: Der Zweite Weltkrieg. München/Zürich 1985
Inga Hosp: Ritten. Land und Leute am Berg. Meran 1984
Giovanni de Luna: Benito Mussolini. Reinbek 1978
Franz Spunda: Clara Petacci. Berchtesgaden 1952
Richard Wichterich: Benito Mussolini. Stuttgart 1952

DENKMAL FÜR EIN KÜCHENMÄDEL

Tita Piaz und Emma Dellagiacoma

Tita Piaz: Dolomiten – meine Freiheit. Bern/Stuttgart 1966
Tita Piaz: Mezzo secolo d'alpinismo. Bologna o. J.
Gerhard Schirmer: Dolomiten – seine Freiheit. In: Land der Berge 2. St. Pölten 1994

WIE EINST IM MAI

Hermann von Gilm und Sophie Petter

Ferruccio Delle Cave/Bertrand Huber: Meran im Blickfeld deutscher Literatur.
  Bozen 1988
Anton Dörrer: Gilm und Bruneck. Bruneck 1956
Adolf Wilhelm Ernst: Hermann von Gilm. Leipzig 1898
Josef Rampold: Pustertal. Bozen 1980

DER MANN MIT DEN ZWEI MÜTTERN

Albin Egger-Lienz und Maria Trojer

Ila Egger-Lienz: Mein Vater Albin Egger-Lienz. Innsbruck 1939
Wilfried Kirschl: Albin Egger-Lienz. Das Gesamtwerk. Wien 1977

UNHEILBAR

Paul Heyse und Margarete Kugler

Ferruccio Delle Cave/Bertrand Huber: Meran im Blickfeld deutscher Literatur.
  Bozen 1988

Paul Heyse: Jugenderinnerungen und Bekenntnisse. Berlin 1900
Paul Heyse: Meraner Novellen. Stuttgart/Berlin 1902
Paul Heyse – Münchner Dichterfürst im bürgerlichen Zeitalter. München 1981

„FÜRCHTE DICH NICHT!"

Otto von Bismarck und Josepha Holzner

Lothar Gall: Bismarck, der weiße Revolutionär. Frankfurt/Berlin 1980
Adolf Kristanell: Bismarck und Josepha. Bayrisch Gmain 1934
Erich Marcks: Bismarcks Jugend. Stuttgart/Berlin 1909
Wilhelm Mommsen: Otto von Bismarck. Reinbek 1966
Gottfried Oberthaler: Das Ultental und seine Bäder. St. Nikolaus im Ultental 1987

DIENSTMAGD, WAHRSAGERIN, BALLERINA

Peter Mitterhofer und die Frauen

Max Bernardi: Das Peter-Mitterhofer-Spiel. Meran o. J.
Rudolf Granichstaedten-Czerva: Peter Mitterhofer – Erfinder der Schreibmaschine.
    Wien 1924
Ewald Lassnig: Peter Mitterhofer. Bozen 1993
Werner Schmidt: Bittersüßer Weg nach Wien. Hannover 1958
Oswald Waldner: Der Teisen Peter. Partschins 1993

BILDNACHWEIS

Graphische Sammlung Albertina, Wien: 70

Ila Egger-Lienz, Innsbruck: 153, 155, 159

Gyldendal Norsk Forlag, Oslo: 30, 33, 37

Kunsthalle Hamburg: Umschlagbild

Internationale Gustav Mahler Gesellschaft, Wien: 57, 59, 67

Dagmar von Maydell: 19

Margarete Morgenstern, Herrsching/Ammersee: 17

Gottfried Oberthaler, St. Nikolaus im Ultental: 178, 180

Österreichische Nationalbibliothek (Bildarchiv), Wien: 29, 105, 109, 196

Erika von Pramberger, Wien: 192

Privat: 26, 80, 93, 99, 126, 131, 135, 163

Foto Rapid, Bruneck: 141, 143, 147

Arthur Schnitzler Estate, Wien: 45, 49

Shih, Wien: 53, 54, 82, 124, 166, 173, 199

Stadtmuseum Meran: 46, 183

Süddeutscher Verlag (Bilderdienst), München: 74, 117, 118, 119

Ullstein Bilderdienst, Berlin: 63

Archiv Klaus Wagenbach, Berlin: 86, 89

Foto Waldmüller, Bozen: 14

BUCHVERLAG

Eine Liebe in Wien

7. Auflage
200 Seiten mit 42 Schwarzweißabbildungen
Gebunden mit Schutzumschlag
DM 34,–/ATS 248,–/sfr 34,–

Liebeleien und Amouren, sentimentale Geschichten und furiose Eifersucht, große Leidenschaften und kleine Abschiede versammelt der Autor zu einer amourösen Porträtgalerie.

Die Großen der Literatur, Kunst und Geschichte zeigen in ihren Beziehungen zu anderen Menschen ein Stück von ihrem wahren Selbst:

Richard Beer-Hofmann, Gustav Klimt, Lina Loos, Vicki Baum, Leo Trotzki, Egon Schiele, Georg Trakl, Herzmanovsky-Orlando, Arthur Schnitzler, Rainer Maria Rilke, Hermann Broch, Peter Altenberg, Stefan Zweig …

Dies und vieles mehr hat Dietmar Grieser vor dem Hintergrund der Wien-Kulisse recherchiert und zu einem Band zusammengefaßt, der die Balance zwischen Diskretion und Indiskretion stets zu halten weiß.

Der Standard

Nachsommertraum

4. Auflage
208 Seiten mit 45 Schwarzweißabbildungen
Gebunden mit Schutzumschlag
DM 39,80/ATS 298,–/sfr 39,80

Ein rundes Dutzend erfolgreiche „Fact finding missions" der ganz und gar österreichischen Sorte haben Dietmar Grieser als originellen Reiseführer bekanntgemacht.

Diesmal hat er seine Spurensuche ins Salzkammergut verlegt, hat prominente Sommerfrischler von vorgestern und gestern ausgemacht, die Bad Aussee oder St. Wolfgang, Hallstatt oder Ischl, St. Gilgen, Unterach oder Henndorf mehr oder weniger zufällig entdeckt haben, Quartier gesucht und vieles mehr gefunden haben:

Stifter, Mahler, Wassermann, Klimt, Kienzl, Wagners Muse Mathilde Wesendonck, Billroth, Maria Jeritza, Rudolf Forster, Oscar Blumenthal, Strindberg, Zuckmayer, Lernet-Holenia, die Söhnchen der Cebotari, Leo Fall.

Und dabei nie vergessen, was diese Landschaft Österreichs einmal so anziehend machte.

Die Presse

NP
BUCHVERLAG